民国首版学术经典

苏曼殊年谱及其他

柳亚子等 编

上海科学技术文献出版社
Shanghai Scientific and Technological Literature Press

图书在版编目（CIP）数据

苏曼殊年谱及其他 / 柳亚子等编．—上海：上海科学技术文献出版社，2014.5
（民国首版学术经典丛书）
ISBN 978-7-5439-6161-6

Ⅰ．① 苏… Ⅱ．①柳… Ⅲ．①苏曼殊（1884~1918）—年谱 Ⅳ．① K825.6

中国版本图书馆 CIP 数据核字（2014）第 030390 号

责任编辑：张　树　李　莺
封面设计：周　婧

苏曼殊年谱及其他
柳亚子等　编
出版发行：上海科学技术文献出版社
地　　址：上海市长乐路 746 号
邮政编码：200040
经　　销：全国新华书店
印　　刷：上海中华商务联合印刷有限公司
开　　本：850×1168　1/32
印　　张：15.875
版　　次：2014 年 5 月第 1 版　2014 年 11 月第 2 次印刷
书　　号：ISBN 978-7-5439-6161-6
定　　价：88.00 元
http://www.sstlp.com

出版說明

民國時期雖只有短短三十幾年，却在中國歷史上擁有極重要的地位。隨着地理封閉格局的打破，社會制度的轉型，思想束縛的解放，社會的文化和學術也開始了古今中西新舊融合創新的歷史過程，迎來一個百家争勝、异彩紛呈的局面，直接表現便是名家輩出、佳作迭現，且其視野之開闊、學識之淵博、影響之深遠，爲前代所不及，亦爲後人所難達。

有鑒于此，我們從民國時期的經典著作中精選一批，以“民國首版經典叢書”之名將其影印出版。第一輯共收羅了三十四種著作，合三十册，分爲“學術”和“文學”兩部分。其中，“民國首版學術經典”包括梁啓超《清代學術概論》、舒新城編《近代中國留學史》、王孝通《中國商業史》、胡樸安《中國文字學史》、李長傅《中國殖民史》、姚名達《中國目録學史》、吕思勉《歷史研究法》與《中國文字變遷考》（合一册）、胡適《五十年來中國之文學》與劉師培《論文雜記》（合一册）、吕思勉《理學綱要》、吕思勉《白話本國史》、柳亞子等編《蘇曼殊年譜及其他》、顧頡剛編著《妙峰山》等。

這些出自名家之手的著作，或爲開一代風氣的創新之作，如舒新城的《近代中國留學史》，是近代第一部研究留學問題的專著，奠定了留學史研究的根基，也是研究有關中國留學歷史的必讀書目之一；如吕思勉的《白話本國史》，既是他的成名作，也是中國歷史上第一部用白話文寫成的中國通史；或爲總結先賢、啓發後來的集大成之作，如梁啓超的《清代學術概論》，這是一部闡述清代學術思潮源頭及其流變的經典著作，也是梁啓超的代表性作品之一，將清代學術從時代思潮的角度劃分爲四個時期，并對每個時期作了簡要而中肯的評介，精辟分析了各個時期及其代表人物的成就與不足，一經問世即受到讀者歡迎，并成爲一代又一代青年學子的入門必讀書；再如胡適的《五十年來中國之文學》，從古文的末路、古文學的新變、白話小説的發達及缺點、文學革命這幾個方面再現這五十年的文學，在傳承舊學的同時更開新路，爲文學變革鋪墊、利導。

“民國首版文學經典”則包括黎錦暉編《留歐外史（第一集上編）》、朱湘《石門集》、邱東平《火災》、王實味《休息》與歐陽山等《給予者》（合一册）、徐志摩《徐志摩選集》、邱東平《第七連》、蕭紅《生死場》、張資平《紅霧》、張資平《飛絮》、陳夢家編《新月詩選》、徐志摩《雲游》與《志摩的詩》（合一册）、弘一大師紀念會編《弘一大師永懷録》、葉靈鳳《紅的天使》、朱自清等《我們的六月》、《魯迅傑作選》、郁達夫《迷羊》、胡適《胡適留學日記》、葉靈鳳《未完的懺悔録》等。

文學爲人民群衆喜聞樂見之事，其影響既遠且廣。叢書中所收，不乏當時的“暢銷書”，如蕭紅的《生死場》，甫一出版便轟動當時文壇；如張資平創作的言情小説《紅霧》、《飛絮》等，一版再版，暢銷多年；同時還有不少品種是現今流傳較少，甚至是建國後第一次影印出版的，如弘一大師紀念會所編《弘一大師永懷録》，該書于大師圓寂一周年時出版，當時僅印發一千册；如黎錦暉編《留歐外史（第一輯上編）》，一九二八年首版發行，建國後一直没有再版，已很難找到。

綜上，“民國首版經典叢書”内容包羅萬象，涵蓋詩歌、小説、散文、紀實文學、史學研究、理學、文學研究等方方面面，所選皆出自名家、大家之手，或爲各學科奠基之作，或爲集大成之經典，或爲震動當時、影響深遠的傳誦之作，其中不乏流傳很少、極難覓尋的孤本，我們苦心孤詣，找尋到這些經典著作的初版本，原版影印，精裝制作，以饗讀者。

編　者

二零一四年二月

蘇曼殊年譜及其他

亞子

蘇曼殊年譜及其他

蘇曼殊年譜及其他序

柳無忌

正是去年炎暑時，酷熱的陽光曬得人昏糊沈悶，父親同我起始做這曼殊年譜的工作。他嘗了北方的泥沙灰塵，嗅過了海輪中的惡毒宿臭，拘塞在狹擠的船艙內，顛搖在黑水洋的風浪裏，我終于回到家鄉，把這長夏消耗在曼殊的研究內。一時的高興吧，熱汗淋漓在赤裸的背上，我們走到這被太陽炙得焦燙的書樓，爬上高低的搜尋着關于曼殊的報紙書籍。有時我們得意地找到了新發現，也有時無精打彩的翻看到許多不相干的作品。頓然作年譜的計劃鑽進了我腦筋中，試試罷；好在我只任謄錄整聚的工作，一切的材料都由父親供給着。喫過了夏天的早夜粥，見電燈起始發光亮，見電燈閉煞了眼，終夜的我們伏在書桌旁，寫着年譜的草稿。蚊聲特別嗡鬧得利害，磕睡蟲已擾亂了睡的神經；但是外面有些微風，凉颼颼的，夏天的深夜眞可愛。我們就劃了火柴，拿出燭盤，室內照耀着微暗昏黃的洋蠟光，于是我們繼續着做寫年譜的工作。已有微淡的曙光射進碧紗窗內，東方發白了，在牀上還聽見我們談論關于曼殊身世的許多疑問；這樣年譜的初稿總算完工大吉。

這起始了我們研究曼殊的心願。轉瞬間過了暑假，我又到北京，日日的埋在課本內；但父親仍舊在家鄉，他講，他要把這一年送給曼殊，他要迷隱在曼殊的研究中。用南社格紙寫的我倆間討論曼殊的信札，已堆積成可訂做三大册的厚薄。陸續在這半年中我們做就了這小册子的文章，也有幾篇曾在語絲發表。匆匆的聽過了狂吼的北風，賞到了飄渺的雪花，居然又把嚴冬消磨去。現今我們還在計劃着編輯曼殊的全集，終于這一束蕪雜的作品先全集而出版了。把此書當作我們付印全集的先聲吧，我時常這樣想着。

因爲父親要隱在編印曼殊的工作中，他斷絕了一切往來，許多搖旗吶喊的外交都得由我擔任着。這裏不想一個一個道謝帮助我們的諸位先生們，我已經各自的答謝他們了，除了有一封沒有署名的信外。同時我也碰到些釘子，有幾封寫出去的是沉在大海內無聲無臭的信。

又有一回鬧了件笑話。某君從天津北倉寄來一部曼殊室主人編的戲劇；我喜悅得了不得，讀了此書後做好的文章已預備發表，翻印此書的問題已經解決，不料終究這個曼殊室主人不是那個曼殊，原書作者的一封證明信把這團歡喜氣吹得冰冷。

我不想自己來介紹這十九篇雜貨店內的文章，儘夠說，眞的愛好曼殊作品的人可以來試看看。希望將來我有這勇氣，在那些紙堆中，整理做成一篇較有系統的曼殊傳略及其著作。

我們對于曼殊沒有別的貢獻，祗把他貼上油瓶字樣賣給日本人；這于我們很不安似的，但不這樣又有什麼法子想呢？這是我們現在知道的事實與確信。或許將來有重行翻案的一日，我個人希望着，但不知道一天在那里？

李小峰先生爲愛讀曼殊著作，及一切研究曼殊作品的緣故，答應把此書印得精緻美觀些，售得低廉些；除了感謝外，我又有什麽可講呢？

一九二七，一，一，于清華。

蘇曼殊年譜及其他目次

曼殊大師獅子國造象
曼殊大師耶婆堤造象
曼殊繪扇面
曼殊手跡
潮音跋原稿
曼殊上人墓
曼殊墓之位置（以上插圖）

附錄

曼殊大師獅子國造像

曼殊大師耶婆提造像

曼殊繢扇面

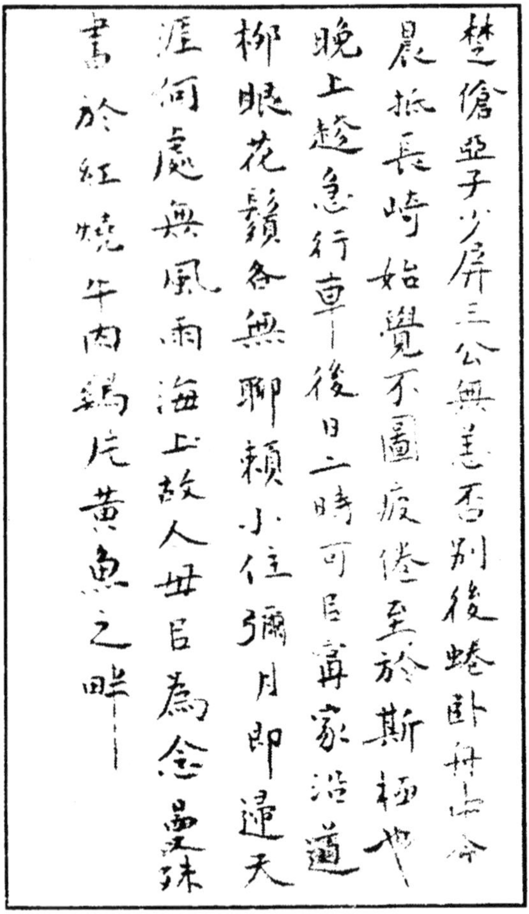
楚傖亞子少屏三公無恙否別後蜷臥舟中今晨抵長崎始覺不圖疲倦至於斯極也晚上趁急行車後日二時可巨冉家沿道柳眼花鬚各無聊賴小住彌月即適天涯何處無風雨海上故人毋以為念曼殊書於紅燒牛肉雞片黃魚之畔

曼殊手跡

日本僧飛錫潮音跋

曼殊闍黎(梵)名宗之助自幼失怙多病寡言依太夫人河合氏生長江戶四歲伏地繪師子頻伸狀栩栩欲活喜效奈良時裹頭法師裝一日有相士過門見之撫其頂喟歎曰是兒高抗當逃禪否則非壽徵也五歲別太夫人隨遠親西行支那經商南海易名三郎始學粵語稍長不事生產耆豪飲客肝膽照人而遭逢身世有難言之恫年十二從慧龍寺主持贊初大師披鬀於廣州長壽寺法名博經由是經行侍師惟謹威儀嚴肅皈鉢无聲旋入博羅坐關三月詣雷峰海雲寺具足三壇大戒嗣受曹洞衣鉢任知藏於南樓古剎四山長老極器重之咸歎曰如大德者復何人也亡何以師命歸廣州時長壽寺被新學暴

潮音跋原稿

曼殊上人墓

葛克信波曇筆記，有曼殊上人墓攝影一幅，不甚清晰，因請唐蘊玉先生臨摹成此。原片攝於塔銘未樹立以前，橫置地上者，即此物也。今則已

尹維峻女士曼殊之女友
林寒碧曼殊之友

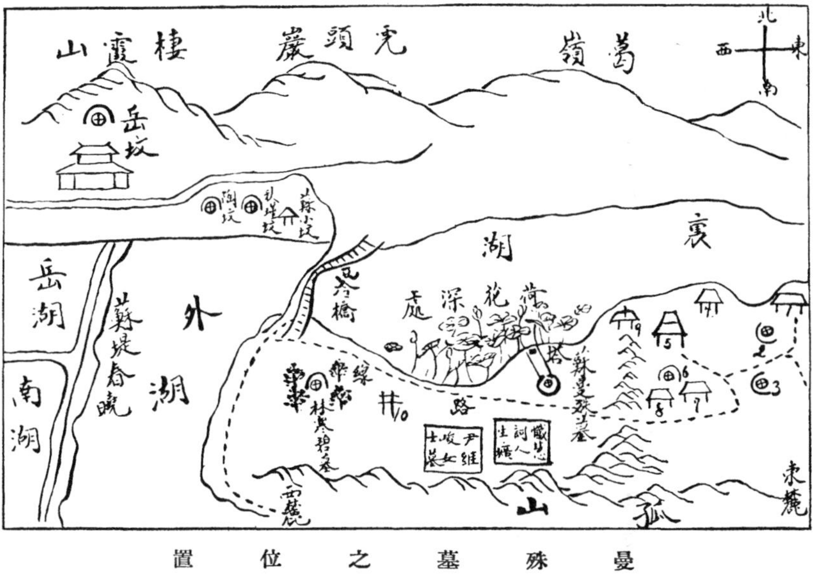

1. 林社
2. 林由
3. 陳勒
4. 放鶴
5. 巢居
6. 林和
7. 趙祠
8. 財神
9. 馮小
10. 西洽
後門

曼殊墓之位置

蘇曼殊年譜

柳無忌

公元一八八四年……民國紀元前二十八年甲申……一歲

生于日本江戶。始名宗之助。祖忠郎。父宗郎，早卒。母河合氏。日本僧飛錫潮音跋：——曼殊闍黎，始名宗之助。自幼失怙，多病寡言，依太夫人河合氏生長江戶。……余與闍黎爲遠親。猶念兒時偕闍黎隨其王父宗郎，弄艇投竿于溪岸海角；或肥馬輕裘與共。

斷鴻零雁記：——『嘗聞之夫人：（河合氏）爾呱呱墜地無幾

月，即生父見背。爾生父宗郎，舊爲江戶名族；生平肝胆照人，爲里黨所推。』——乳媼告三郎語。

一八八七年……民國紀元前二十五年丁亥……四歲

初學繪事。喜效僧裝。

潮音跋：——四歲，伏地繢師子頻伸，狀栩栩欲活。喜效奈良時裹頭法師裝。一日，有相士過門，見之，撫其肉髻，嘆曰：『是兒高抗，當逃禪，否則非壽徵也。』

一八八八年……民國紀元前二十四年戊子……五歲

隨假父蘇某歸粵，母河合氏偕行。易姓名爲蘇三郎，後名元瑛號子穀。

章太炎曼殊遺畫弁言：——亡友蘇元瑛子穀……父廣州產，商于日本，娶日本女而得子穀。

斷鴻零雁記：——『夫人綜覽季世，漸入澆漓，思携爾託根上國，故挈爾身于父執爲誼子……乃親自抱爾潛行來遊吾國。』——乳媼告三郎語。

潮音跋：——五歲，……隨遠親西行支那，經商南海。易名蘇三郎，又號子谷。

一八九一年……民國紀元前二十一年辛夘……八歲

河合氏歸日本。

斷鴻零雁記：——『(夫人)僑居三年，忽一日，夫人詔我曰：「吾東歸矣。」……復手指三郎淒聲含淚曰：「是兒生也不辰，媼其善視之。」……』——乳媼告三郎語。

陳去病與柳亞子書：——蘇父家故饒財，妻妾甚衆，子女亦甚多，而竟攜日婦歸國，故其家大婦殊鄙夷之。曼殊母知不相容，卒歸故國。然曼殊有異母兄甚賢，時念其弟，而有以撫慰賙䘏之者備至，故曼殊獨留。

一八九二年……民國紀元前二十年壬辰……九歲

從西班牙牧師羅弼莊湘學歐文于香港。

潮音跋：——嘗從西班牙莊湘處士治歐洲詞學。

斷鴻零雁記：——牧師（羅弼氏）隸西班牙國，……遂從治歐文二載。

曼殊遺畫弁言：——廣中重宗法，族人以子穀異類，羣擯斥之。……令子穀出就外傳，習英吉利語。

一八九四年……民國紀元前十八年甲午……十一歲

假父蘇某卒。

曼殊遺畫弁言：——數歲父死。

斷鴻零雁記：——『迨爾父執去世之時，吾中心戚戚；方謂三郎孤寒無依，欲馳書白夫人，使爾東歸，離彼猖獠。』——乳媼告三郎語。

一八九五年……民國紀元前十七年乙未……十二歲

入廣州長壽寺爲僧。法名博經，號曼殊。坐關博羅三月。受戒于雷峯海雲寺。任知藏于南樓古刹。

陳去病與柳亞子書：——（曼殊）嗣以父喪，遂出家于粵之慧龍寺。

曼殊遺畫弁言：——子穀貧困爲沙門，號曰曼殊。

潮音跋：——年十二，從慧龍寺主持贊初大師，披剃于廣州長壽寺，法名博經。……旋入博羅，坐關三月。詣雷峰海雲寺，具足三壇大戒。嗣受曹洞衣鉢，任知藏于南樓古刹。四山長老極器重之。

一八九六年……民國紀元前十六年丙申……十三歲

以師命歸廣州。值長壽寺被毀，遂渡日本省母。始學泰西美術，凡二年。

湖音跋：——亡何，以師命歸廣州。時長壽寺被新學暴徒毀爲墟市，法器無存。闍黎乘歐舶渡日本，奉太夫人居神奈川。太夫人令學泰西美術于上野二年。

一八九八年……民國紀元前十四年戊戌……十五歲

政治學三年。

湖音跋：——學政治于早稻田三年。一無所成。

一九〇〇年……民國紀元前十二年庚子……十七歲

學陸軍八閱月。

潮音跋：——清使汪大燮以使館公費助之學陸軍八閱月，卒不屑。

一九〇一年……民國紀元前十一年辛丑……十八歲

莊湘資助赴暹羅，學梵文于喬悉磨長老。

潮音跋：——莊公爲整資裝，遂之扶南，隨喬悉磨長老究心梵章二年。

梵文典自序：——繼游暹羅，逢鞠窣磨長老。

一九〇三年……民國紀元前九年癸卯……二十歲

入西湖靈隱山，著梵文典八卷成，自爲之序。至上海，任國民日日報繙譯。譯囂俄慘社會，刊諸報端。撰嗚呼廣東人，女傑郭耳緩。赴蘇州，任吳中公學教授。入長沙，主講實業崇正明德經正諸校。旋重遊暹羅盤谷。

潮音跋：——歸入靈隱山，著梵文典八卷。

梵文典自序：——長老意思深遠，殷殷以梵學相勉。衲拜受長老之旨，于今三年。……今衲敬成鞠窣磨長老之志，而作此書。

潮音跋：——初駐錫滬上，爲國民日日報繙譯。後赴蘇州，任吳中公學義務教授。繼渡湘水，登衡岳，以吊三閭大夫。復先後應聘長沙實業學堂，崇正學堂，明德學堂，經正學堂。

畫跋：——癸卯入吳門，道中聞笛，陰深凄楚，畫示諸同學。

畫跋：——癸卯參拜衡山，登覶融峯，俯覶湘流明滅。……

書跋：——癸卯南遊，客盤谷。……

一九〇四年……民國紀元前八年甲辰……二十一歲

在暹羅，主講盤谷青年學會。至錫蘭，駐錫菩提寺。旋返廣州。

畫跋：——甲辰由暹羅至錫蘭。………

潮音跋：——復先後應聘……盤谷青年學會，錫蘭菩提寺。

畫跋：——甲辰南歸嶺海。………

一九〇五年……民國紀元前七年乙巳……二十二歲

重至西湖。遊金陵，主講祇垣精舍。白零大學教授法蘭居士來訪。

三閱月，以病歸日本。

畫跋：——乙巳泛舟西湖，寄懷仲子。

蔡哲夫題曼殊畫：——乙巳之秋，著書被議，避地如孤山。一日過靈隱巖前，見一祝髮少年，石欄危坐，外雖雲衲，內衣毳織貫頭，眉宇悲壯之氣逼人。余以爲必奇士，大不得已而爲之也。今讀斯圖，知曼殊是歲必客西湖，因語曼殊，遂知當日所見，固曼殊也。

畫跋：——乙巳爲秣陵，偕季平登雞鳴寺，觀臺城後湖，百感交集，畫示季平。

拜輪詩選自序：——去秋白零大學教授法蘭居士遊秣陵，會衲于祇垣精舍。

燕子龕隨筆：——十一月十七日，病臥祇垣精舍。仁山老檀越爲余言秦淮馬湘蘭證果事甚詳。

潮音跋：——池州楊仁山居士……居士遂偕詩人陳伯嚴創辦祇垣精舍于建業城中。……函招闍黎，幷招李曉暾爲敎師。……闍黎蠹瘁三月，竟犯唾血，東歸，隨太夫人居逗子櫻山。循陔之餘，惟好嘯傲山林。一時夜月照積雪，泛舟中禪寺湖，歌拜輪哀希臘之篇。歌已哭，哭復歌，抗音與湖水相應。舟子惶然，疑其爲精神病作也。

一九〇六年……民國紀元前六年丙午……二十三歲

元旦，與劉申叔過馬關。鉢羅罕歸印度，纜江干蕭寺話別。輯文學因緣二卷成，自爲序。夏，之蕪湖，主講皖江中學，識鄧繩侯。重遊金陵，主講陸軍小學，識趙伯先。返日本，譯拜輪詩選成，自爲序。初秋，送水野氏南歸。至上海，得英人祖梨手繢露伊斯美索爾像。識高天梅，柳亞子。

畫跋：——丙午元旦，與中叔過馬關作。

畫跋：——丙午贈別鉢邏罕歸印度。

畫跋：——波邏罕居士西歸梵土，因作江干蕭寺圖一幅贈別。

文學因緣自序：——比隨慈母至逗子海濱，山容幽寂，時見殘英辭樹，偶錄是編。

潮音跋：——復先後應聘……蕪湖皖江中學，金陵陸軍小學。

畫跋：——懷寧鄧繩侯先生藝孫，爲石如老人之曾孫。於其鄉奔走教育。余今夏之皖江，就申叔之招，始識先生，與共晨夕者彌月。後余離皖之滬，月餘，申叔亦來，出先生贈余一絕云：『寥落枯禪一紙書，欹斜淡墨渺愁予；酒家三日秦淮景，何處滄波問曼殊？』今別先生，不覺半載，積愫纍欷，云何不感，畫此奉寄。丙午曼殊記。

畫跋：——丙午重過莫愁湖，畫寄申叔。

燕子龕隨筆：——趙伯先有澄清天下之志。余教習江南陸軍小學時，伯先爲新軍第三標，標統，始與相識，余歎爲將才也。每次過從，必命兵士携壺購板鴨黃酒。伯先豪于飲，余亦雄于食，旣醉，則按劍高歌于風吹細柳之下，或相與馳騁於龍蟠虎踞之間，至樂也。

拜輪詩選自序：——比自秣陵遄歸將母，病起匈膈，擩筆譯拜輪去國行，大海，哀希臘三篇。……光緒三十二年，佛從多羅夜登陵希天下還日，曼殊序于太平洋舟中。

畫跋：——丙午初秋，須磨海岸送水野氏南歸。

露伊斯美索爾遺像贊：——丙午秋、余歸至滬瀆，……得英人祖梨手繢露伊斯美索爾像。……

高天梅懷曼殊：——大師所說大乘法，傳播潮音妙入微。乞寫萬梅圖贈我，一花一佛合皈依。（自註：去歲海上相晤，許繪萬梅圖，繼而往東，未見寄下，時係我懷思也。）——

丁未五月

一九〇七年……民國紀元前五年丁未……二十四歲

在日本，爲梵學會譯師。議建梵文書藏，未成。與劉申叔夫婦創辦天義報。繢孤山圖，鄧太妙秋思圖，淸秋弦月圖。撰海哥美爾氏名畫賛，秋瑾遺詩序。女弟子何震爲輯畫譜，欲與梵文典並付梨棗，均未果。撰畫譜自序，露伊斯美索爾遺像賛。至上海，與黃晦聞，諸貞壯，陳去病同居國學保存會藏書樓。旋復赴日本。文學因緣第一卷出版。

潮音跋：——爲梵學會譯師，交遊婆羅門憂國之士，諧其所有舊藏梵本，與杜伯華，陳仲甫，章枚叔諸居士，議建梵文書藏，人無應者，卒未成。

畫譜自序：——衲三至扶桑，一省慈母，山河秀麗，寂相盈眸。爾時何震搜衲畫，將付梨棗。顧衲經鉢飄零，塵勞行脚，所繪十不一存。但此殘山水若干幀，屬衲序之。……佛滅度後二千三百八十三年，粵東慧龍寺曼殊。

何震曼殊畫譜後序：——因彙爲畫譜，先將第一集開印，餘俟續出。並乞吾太師母，吾師，及太炎先生序而行之，以問十方高士。丁未初秋，儀徵何震手書。

天義報第六卷廣告：——梵文典八卷，粤東慧龍寺曼殊大師撰述。條例彰明，得未曾有。今將首卷開印，餘俟續刋。普願一切有情，同圓種智，持此功德，迴向華嚴。……

畫跋：——晦聞居士客余于藏書樓。……

陳去病曼殊自海東還以童時攝影見貽：——正朔天南奉盛明，孤忠唯有鄭延平。百年更見田中嫗，一樣寧馨裹錦綳。——

丁未八月海上藏書樓作

一九〇八年……民國紀元前四年戊申……二十五歲

秋九月，拜輪詩選出版。偕劉申叔夫妻至上海，晤柳亞子。尋歸日本。潮音初脫稿。

柳亞子海上贈曼殊：——無計逃禪奈有情，靑山故國畫難成。相逢一笑拈花處，好向靈山證舊盟。——戊申十月。

一九〇九年……民國紀元前三年己酉……二十六歲

八月，至上海，晤蔡哲夫。旋遊西湖。南巡星加坡諸島，遇莊湘及其女雪鴻。燕子箋英譯成。冬赴爪哇，主講喏班中華會館。

蔡哲夫題曼殊畫：——己酉秋八月既望，曼殊上人過滬，出是册委守（哲夫）夫婦爲之題識。

柳亞子寄曼殊西湖：——無端避面春申浦，去逐劉三共酒杯；直把西湖作西子，鴟夷一舸未歸來。——己酉八月。

答瑪德利莊湘處士書：——星洲一別，于今三年。……一千九百十一年七月十八日，曼殊沙禪裏。
與高天梅論文學書：——昨歲南渡，舟中遇西班牙才女羅弼
氏，（雪鴻）……即贈我西詩數册。——庚戌五月爪哇。
潮音跋：——又將燕子箋譯爲英吉利文，甫脫稿，雪鴻大家
攜之瑪德利，謀刋行于歐土。
潮音跋：——應聘……噫班中華會館。
一九一〇年……民國紀元前二年庚戌……二十七歲
在爪哇。五月，撰與高天梅論文學書。旋赴印度。
燕子龕隨筆：——余至中印度時，偕二三法侶，居芒碣山寺。
山中多果樹，余每日摘鮮果五六十枚啖之，將及一月，私心

竊喜，謂今後吾可不食人間煙火矣。惟是六日一方便，便時極苦。後得痢疾，乃知去道尚遠，機緣未至耳。

一九一一年……民國紀元前一年辛亥……二十八歲

夏，自印度歸日本。詣金閣寺僧飛錫于松島。時飛錫爲刪定舊著潮音一卷，撰跋印行。旋重渡爪哇，仍主講喏班中華會館。七月，撰答瑪德利莊湘處士書。

潮音跋：——曾幾何時，其王父已悲夙草。彈指闍黎二十有八。而余綜觀世態，萬緒悲涼。權洞上正宗監院之職，亦將十載。今夏安居松島，手寫闍黎舊著潮音一卷，將英譯陳元孝崖山題奇石壁，澹歸和尚貽吳梅村詩，杜牧秦淮夜泊，陸放翁細雨騎驢入劍門絕句，及漢譯師梨含羞草數章刪去。復加拜輪年表于末，係英吉利詩人佛子為闍黎參訂者。今與蓮華寺主重印流通，仍曰潮音。……曾闍黎新自梵土歸來，詣其王父墓所，道過山齋，握手欷歔，淚隨聲下。爰出是篇，乞闍黎重證數言。……學人飛錫跋于金閣寺。

答瑪德利莊湘處士書：——破夏至爪哇。

一九一二年……民國元年壬子……二十九歲

春，自爪哇至上海，主太平洋報筆政。撰南洋話，馮春航談。義兄蘇墨齋來訪。繪荒城飲馬圖。五月，赴日本。旋復來上海。始刊布斷鴻零雁記于報端。撰華洋義賑會觀。欲重譯茶花女遺事，未成。七月，再赴日本。冬，返上海。欲遊香港，星加坡等處，不果。與鄭桐蓀至安慶，主講高等學校。歲暮，客吳江盛澤。

馮秋雪燕子龕詩序：——器齋，曼殊上人之異母兄也。

答蕭公書：——今託穆弟奉去荒城飲馬圖一幅，敬乞足下為焚化于趙公伯先墓前。蓋同客秣陵時許趙公者，亦昔人掛劍之意。此畫而後不忍下筆矣。——壬子四月上海

與海上諸友人書：——別後蜷臥舟中，今晨抵長崎始覺。……曼殊書于紅燒牛肉，雞片，黃魚之畔。——壬子五月日本

與高鈍劍書：——前日歸自扶桑，……今擬來月重赴蓬山。

壬子六月上海

太平洋報文藝消息：——林譯巴黎茶花女遺事為我國輸入譯本小說之鼻祖，久已名重一時。頃曼殊携小仲馬原書見示，幷云：『林譯刪節過多，殊非完璧。得暇擬複譯一過，以餉國人。』必為當世文學界所歡迎也。

太平洋報文藝消息：——曼殊重譯茶花女遺事，前日報端已略言之。漢文譯本已兩見，乃幷曼殊之譯而三矣。今以天生情種，而譯是篇，吾知其必有洛陽紙貴之聲價也。日本早稻田大學出版部譯本名曰椿姬，較漢譯為詳細。英文亦有兩譯。小仲馬之作，不徒然矣。噫唏。愁何似？似一川烟草黃梅雨。正曼殊闍黎握管凝思之際，亦薄命女郎重泉含笑之日也。

與柳亞子書：——今英啓舷之期，改定陽歷十月三十正午。

十一月初七八入蘇州一行。陽歷十一月末至盛唐山。（安慶）

十二月赴香港，星加坡等處。——壬子九月日本。

與柳亞子書：——英初五晨間始抵安慶，暫住高等學校，桐蓀兄亦同寓所。——壬子十一月安慶。

與柳亞子書：——英擬隨桐兄赴滬一二日，然後同遊蘇州及盛澤等處。——壬子十二月安慶。

一九一三年……民國二年癸丑……三十歲

二月至四月，來往安慶上海間。五月，至盛澤。六月，至蘇州，主滾繡坊鄭氏。十月，在上海。刋布燕子龕隨筆于生活日報，華僑雜誌。十一月，赴日本。

與柳亞子書：——抵皖百無聊賴，無書可讀，無花可觀。日與桐兄劇談斗室之中，或至小蓬萊吃燒賣三四隻。然總不如小花園之八寶飯也。……桐兄決月杪歸滬，英亦同去。——癸丑二月安慶

與柳亞子書：——桐兄前日抵申，同寓行臺。——癸丑三月上海。

與鄭桐蓀書：——英居滬半月，已費去數百金。——癸丑四月上海。

與某公書：——故交多速衲南歸，顧終於無緣一返鄉關。四月三十日，從安徽過滬，風雨兼天。……衲重午前三日偕燕君行抵舜湖，（盛澤）風景秀逸。——癸丑五月盛澤

絳紗記：——或云居蘇州滾繡坊。

絳紗記：——聞酒販言：有廣東人流落可歎者，依鄭氏處館度日。其人類有瘋病，能食酥糖三十包，亦奇事也。

與鄭桐蓀書：——英病況較前略瘉。然居中國，所食多油膩之品，殊非所宜。醫者亦囑英早日東歸調養，益令人歸心如箭耳。——癸丑十月上海

與柳亞子書：——行時未及一面，吾愁可知也。至西京，病

復發。自分有愁無命之人，又安能逆料後此與吾亞子重有握手之歡否耶？河山信美，只增惆悵耳！——癸丑十一月日本

一九一四年……民國三年甲寅……三十一歲

在日本。五月，刊布天涯紅淚記于民國雜誌，並刪訂燕子龕隨筆刊布之。七月，撰雙秤記序。八月，漢英三昧集出版。

與邵元冲書：——午後試新衣，並赴源順，食生薑炒雞三大碟，蝦仁麵一小碗，蘋果五個。明日肚子洞泄否，一任天命耳。某君勸吕勿歸，然則中秋月餅，且無福消受，遑論其他。——甲寅七月日本

一九一五年……民國四年乙卯……三十二歲

在日本。七月，刊布絳紗記于甲寅雜誌。八月，刊布焚劍記于甲寅雜誌

與柳亞子書：——此處亦有蓮子羹八寶飯，唯往返須數小時，坐汽車又大不上算。打牌九又恐紅頭阿三來討厭。——乙卯三月日本

陳獨秀絳紗記序：——爛柯山人前造雙秄記，余與當鸞皆叙之。今當鸞造絳紗記，亦令爛柯山人及余作叙。

一九一六年……民國五年丙辰……三十三歲

十一月，刊布碎簪記于新青年雜誌。歲暮，遊西湖

陳獨秀碎簪記後序：——前者吾友曇殊造絳紗記，秋桐造雙

秤記，……余皆敘之。今曼殊造碎簪記，復命余敘。林之夏泛舟西湖訪曼殊于陶社：——屏爲山，鏡爲湖，扁舟雪霽纖塵無。連朝客枕不成夢，孤城傳警中宵呼。曾思歸去并攜琴，此邦久處懷淸娛。天寒海遠歲方晏，行止未審意緒紆。今晨乘輿出吾廬，湖山得伴權羈孤。曼殊爲我語異域，遮留作饌供伊蒲。重洋隻履君壯夫，東西球碁探朝哺，捲單印度習梵夾，手數佛國窺浮圖。及今憂患俱生餘，聘歌趨闕慙寧遽。他年此象可追述，一紙留影垂臨摹。——丙辰十二月

一九一七年……民國六年丁巳……三十四歲

二月，自西湖返上海。撰送鄧邵二君序。四月，至日本與柳亞子書：——自武林來江上，得手示，知玉體無恙，幸甚，幸甚。——丁巳二月上海

與柳亞子書：——昨夕舟經長崎。今晨又晴又雪。計明日過馬關，後日達神戶，由神戶改乘火車，十四日可到東京。家居數日，即侍家母往遊箱根。留東約月餘，即西返。彼時亞子能來滬一握手否？……聞無忌公子竿頭日進，幸甚，幸甚。去冬獨秀約游鄧尉，溥泉亦有此意，衲本意要亞子同行。今獨秀，溥泉先後北上，和尚復有在陳之嘆，故未如願，惜哉。林惠連自日本長崎舟中發。——丁巳四月日本

一九一八年……民國七年戊午……三十五歲

患腸胃疾，臥病上海廣慈醫院。陽曆五月二日，卒于醫院。

與柳亞子書：——病臥半載，……至今仍不能起立，日瀉五六次。醫者謂今夏可望痊可，此疾蓋受寒過重耳。——戊午二月上海廣慈醫院

與柳亞子書：——賤恙仍日臥呻吟，不能起立，日瀉五六次。醫者謂須待夏日方能愈，亦只好託之天命。如果有痊可之一日者，必踐前諾，赴紅梨(盛澤)一探勝蹟耳。——戊午二月上海廣慈醫院

章父燕子龕詩跋：——當曼殊臥病海上時，吾友連君實扶持

之。去年連若自滬歸，爲余言曼殊事甚詳。……即其病榻數月，最後付囑，但言念東島老母，一切有情，都無罣礙。然入滅之後，問疾大衆，檢點遺篋，則脂盒香囊，不一而足也。

蘇曼殊年譜後序

柳亞子

曼殊既歿，余爲最錄其遺事，成蘇玄瑛傳一首。顧疎略殊甚，於曼殊卒年三十有五，竟不及詳考；復誤歿于廣慈醫院爲寶隆醫院；紕繆百出。其爲楊鴻烈君所呵斥固宜，非特以句讀未加，貽叙事矛盾之嫌也。（原傳云：『玄瑛自少即喪父，母又越在海外。』蓋『喪父』爲句也。而楊君誤以母字連上讀，成爲『玄瑛自幼卽喪父母，』遂譏余後文『東渡倭省母』句爲矛盾矣。）且斯傳匆促屬稿，于曼殊少年時事，亦未暇廣爲疏証，第就所聞于曼殊故友台山馬小進君者述之，雖余亦未敢確然自信。嗣檢舊篋，得日本僧飛錫所撰潮音跋，蓋曼殊手寫見畀者。雖未刊入潮音集中，顧嘗登載太平洋報，宜可徵信。因以取校余傳，則牴牾萬狀。試比而論之：傳文稱曼殊『祝髮廣州雷峯寺，本師慧龍長老奇其才，試授以學，不數年，盡通梵，漢暨歐羅巴諸國典籍。』而潮音跋則言：『年十二，從慧龍寺主持贊初大師，披剃于廣州長壽寺。旋入博羅，坐關三月。詣雷峯海雲寺，具足三壇大戒。嗣受曹洞衣鉢，任知藏于南樓古剎。亡何，以師命歸廣州。時長壽寺被新學暴徒毀爲墟市，法器無存，遂乘歐舶渡日本。』是則曼殊祝髮之地，爲長壽而非雷峯，本師爲贊初大師而非慧龍長老。傳文之誤一也。且具足三壇大戒之所，在雷峯海雲寺，雷峯乃地名非寺名。而贊初大師稱悲龍寺主持，悲龍又寺名非人名。傳文之誤二也。跋言曼殊從西班牙莊湘處士治歐洲詞學，後至扶南，隨喬悉磨長老究心梵章，其求學淵源如此，初無本師傳授之說。傳文之誤三也。又傳稱周游歐羅巴，美利堅諸境。而跋言孑身遨遊，足跡遍亞洲。且歷數遊蹤，自中日二邦外，如扶南，（即暹羅，其都城爲盤谷。）如錫蘭，如嚧班，（南洋羣島，屬爪哇）如印度，均不出亞洲以外。是曼殊早歲，初未履歐，美之境。即晚年與友人書，所謂：『歐洲大亂平定之後，吾當振錫西巡，一弔拜輪之墓』者，亦終未成事實。是傳文之誤四也。

（燕子龕殘稿載章太炎曼殊遺畫弁言，有『始去美利加』語，或以爲疑。實則『始去』應屬上文，『美利加』自屬下文，非『始去美利加』

爲句也。）尤可異者，曼殊家世，朋輩咸知其父爲粵人，商于日本，娶日本女而生曼殊，挈之返粵。嗣母歸父死，曼殊不爲嫡母所容，因披鬀爲沙門。而潮音跋則言：『始名宗之助，自幼失怙，依太夫人河合氏生長江戶。五歲，隨遠親西行支那，經商南海，易名蘇三郎。』又有說部斷鴻零雁記者，世咸以爲曼殊自傳之作。亦言生父宗郎，生平肝胆照人，爲里黨所推。顧曼殊墜地無幾月，即生父見背。母夫人綜覽季世，漸入澆漓，思携曼殊託根上國，故掣其身于父執爲義子；使之離絕島民根性，冀長進爲人中龍也。綜是二者觀之，非特與余傳文異撰，抑且于一切傳說，都齟齬難通。記民國元年與曼殊同居海上，始讀潮音跋及斷鴻零雁記，即心疑其事。友朋中亦有以此相質者，而曼殊顧左右言他，深不願窮其究竟。又曼殊于所撰著中，屢云『身世有難言之恫』，言哀己嘆，感愴萬端。余穿穴始末，疑曼殊家世，實如潮音跋及斷鴻零雁記所言，而所謂遠親及父執者，直假父耳。曼殊早歲，或亦未盡聞知，儼然自以爲蘇氏子。（曼殊有嗚呼廣東人一文，痛斥華人入日本籍者，刊于國民日日報。知其少年時種族之見頗深。且當時似尙未詳身世，否則必不願爲此露骨之言也。）及後知之，而又不欲明言。蓋曼殊生十九二十兩世紀之交，舊時宗法禮教諸觀念，初未破除，宜其以母氏再婚，引爲終身之憾事也。飛錫僧有無其人不可知，或出曼殊假託。顧潮音殺青時，此跋竟見擯集外。察其胸臆，殆有語默俱非者。又曼殊稔余喜事，尤嗜搜集朋舊遺聞，而此跋特以見畀，或亦爲身後之計，而初非漫然歟。顧余昔爲曼殊作傳時，已悉忘此跋所云云，非後來啓篋得書，亦不能不嘆靈光之終閟也。年來稱述曼殊者蜂起，余亦屢思撰一考証之文，而卒卒未果。會長夏溽著，兒子無忌自清華大學南歸省余，有曼殊年譜之輯，共相搜討。因粗述余見，先爲之序。他日有暇，當更撰蘇玄瑛別傳一篇，詳其顚末云。

蘇玄瑛傳

柳亞子

蘇玄瑛，字子穀，號曼殊，廣東香山人。父某，商於倭，因贅焉。生玄瑛，挈之返國。玄瑛自少即喪父，母又越在海外，伶仃靡可依者，則祝髮廣州之雷峯寺。本師慧龍長老奇其才，試授以學，不數年，盡通梵漢暨歐羅巴諸國典籍。嘗謂世界文字，身毒最精密，漢土次之，希臘羅馬以降，瞠乎後矣。已而慧龍沒，玄瑛漠然無所向，遂返初服；踰嶺絕大江，遍歷湘之長沙，皖之安慶，蘇之秣陵吳門，浙之武林，而居上海最久。又感玄奘故事，萬里裹糧，隻身走身毒，周遊歐羅巴美利堅諸境，自耶婆堤航海歸。其間數數東渡倭省母，會前大總統孫文，玄瑛鄉人也，時方亡命嵎夷，期覆淸社。海內才智之士，鱗萃輻湊，人人願從玄瑛遊，自以爲相見晚；玄瑛翺翔其間，若莊光之於南陽故人焉。及南都建國，諸公者皆乘時得位，爭欲致玄瑛。玄瑛冥鴻物外，足未嘗一履其門，時論高之。生平口不言錢，而揮手盡萬金。值貲絕窮餓不得餐，則擁衾終日臥，怡然弗以爲困。釋衲以來，絕口婚宦事。晚居上海，好逐狹邪遊，姹女盈前，弗一破其禪定也。中華民國七年五月二日，以疾卒于寶隆醫院，年口十有口。著有梵文典八卷，潮音一卷，文學因緣一卷，燕子龕遺詩一卷，雜著隨筆若干卷。玄瑛善繪事，丹徒趙聲乞爲「荒城飲馬圖」，未竟，聲兵敗嘔血死。

玄瑛屬人焚其稿墓上，自是遂絕筆弗復作。

柳棄疾曰：德義之漓，至淸季極矣！辛亥之役，號稱蕩滌瑕穢，特捽猶子儀而閉之南內耳。政治敎令所從出，未嘗毫髮掃除也。亡臣降子，爭竊天位，唯頑鈍寡廉恥是尚。積三百年腥腐之末流，決藩破杝以趣之；變本加厲，重爲世詬病，有以哉！若玄瑛者，雖雲鶴乎？實星鳳已！壽不中身，賫志入地；而夸毗之子，且挾其身後之名以自壯也，悲夫！

蘇玄瑛新傳

柳亞子

余曩草蘇玄瑛傳，荒略過甚，意不自慊，屢思改撰，卒卒未果。偶檢故篋，得日本僧飛錫所爲潮音跋，叙述玄瑛家世，乃與平昔所聞大異。跋爲玄瑛手書見畀者，宜無刺謬，又有說部斷鴻零雁記，世稱玄瑛自傳，雖寓言十九，亦頗資節取。因穿穴之爲新傳。而餘杭章氏所撰曼殊遺畫弁言，亦間及焉。不足，則取資於玄瑛書札之屬，暨余所親知灼見者。庶無俗語不實，流爲丹青之憾已。傳曰：蘇玄瑛，字子穀，小字三郎，始名宗之助，其先日本人也。王父忠郎，父宗郎，不詳其姓。母河合氏。以中華民國紀元前二十八年甲申，生玄瑛於江戶。玄瑛生數月而父歿，母子煢煢靡所依 會粵人香山蘇某商於日本，因歸焉。蘇固香山鉅族。在國內已娶妻生子矣。至是得玄瑛母子，並挈之歸國。時玄瑛方五歲也。居三年，河合氏不見容於蘇婦，走歸日本。玄瑛依假父獨留。顧蘇婦甚玄瑛甚，族人亦以玄瑛異類，羣擯斥之。 卒分貲遣就外傳於香港，從西班牙羅弼氏莊湘處士治歐洲詞學，莊湘頗善視之。學二載而假父亦歿，復返於家。則蘇婦遇玄瑛益虐，雖河合氏自日本郵致金幣，亦爲所乾沒，且揚言河合氏已葬魚腹。由是玄瑛轉輾貧困中 。年十二，遂爲沙門。始從慧龍寺主持贊初大師披剃於廣州長壽寺，法名博經，號曰曼殊。旋入博羅，坐關三月。

詣雷峰海雲寺，具足三壇大戒。嗣受曹洞衣鉢，任知藏於南樓古刹。亡何，以師命歸廣州。值長壽寺已被毀，乃東渡日本，依河合氏居神奈川。學泰西美術於上野二年，學政治於早稻田三年，一無所成。淸使汪大燮以使館公費助之學陸軍八閱月，卒不屑竟學。則思爲遠遊，發攄其意志。得故師莊湘資助，整裝之暹羅，隨喬悉磨長老究心梵章二年。歸入杭州西湖靈隱山，著梵文典八卷，自爲序。旋至滬上，從陳獨秀，章士釗遊，爲國民日日報繙譯，譯法人嚣俄書，名曰慘社會，刋諸報端。後赴蘇州，任吳中公學敎授。繼渡湘水，登衡岳，以弔三閭大夫。主講實業學正明德經正諸校。尋重遊暹羅之盤谷。時民國紀元前九年癸卯，玄瑛年二十矣。明年甲辰，主講盤谷青年學會。旋赴錫蘭，駐錫菩提寺。暹羅古稱扶南。錫蘭則法顯佛國記所謂師子國也。乙巳，之秣陵。會池州楊仁山居士方創祇垣精舍，招玄瑛及李曉暾爲講師。玄瑛盡瘁三月，得唾血疾。東歸，隨河合氏居逗子櫻山。循陔之餘，唯好嘯傲山林。一時夜月照積雪，泛舟中禪寺湖，歌拜輪哀希臘之篇，歌已哭，哭復歌，抗音與湖水相應。舟子惶然，疑其爲精神病作也。丙午輯文學因緣二卷成，自爲序。之蕪湖，主講皖江中學，識懷寧鄧繩侯。已復之秣陵，主講陸軍小學，識丹徒趙伯先。旋以病起胸鬲，遄歸將母，譯拜輪詩選成，自爲之序，則在太平洋舟中也。丁未，爲梵學會譯師，交遊婆羅門憂國之士，捐其所有舊藏梵本，與杜伯華，陳獨秀，章炳麟議建梵文書藏，人無應者，卒未成。劉師培爲天義報，倡無政府主義，邀玄瑛同居，刊其畫於報端。師培婦何震則從玄瑛習繢事，號稱女弟子。震爲玄瑛輯畫譜，玄瑛自有序，河合氏暨炳麟爲序，震爲後序，將付梨棗。又思刊布所著梵文典，印度波羅罕學士暨炳麟，師培爲序，獨秀爲題詩，震爲題偈。顧咸未集事，僅於天義報刊其序跋諸作而已。別取文學因緣刊布之，亦僅成其半。戊申，刊拜輪詩選成。復廣爲潮音一書，即迻錄拜輪詩選序弁其首，未付梓。己酉，南巡星加坡，值莊湘處士及其女雪鴻於舟次。初，莊湘欲以雪鴻妻玄瑛，玄瑛垂淚白：『吾証法身久，辱命奈何？』遂已。顧猶以文字通情欵。時玄瑛方譯燕子箋傳奇爲英吉利文，甫脫稿，莊湘爲題詞，雪鴻携之瑪德利，謀刊行於歐土。瑪德利者，西班牙都城也。玄瑛旋之爪哇，主講喏班中華會館。庚戌，始遊梵土，居中印度芒碣山寺。辛亥夏，歸日本，詣王父墓所。會其遠親金閣寺僧飛錫爲删定潮音集，與蓮華寺主刊印流通，屬玄瑛重證數言。玄瑛曰：『余離絕語言文字久矣，當入鄧尉，力行正照，吾子其毋饒舌。』時玄瑛年二十有八也。尋復渡爪哇。聞漢土光復，致書友人，有云：『邇者振大漢之天聲，想兩公都在劍影光中，抵掌而談。不慧遠適異國，唯有神馳左右耳。』又云：『壯士橫刀看草檄，美人挾瑟請題詩。遙知公等此時樂也。』其興會飆舉如此。元年壬子春，遂歸滬上，入太平洋報社，取舊著斷鴻零雁記刊布之。由是往來中日二國間，無復萬里投荒之感矣。自言有無題三百首，索閱乃弗肯出。又言將重譯茶花女遺事，亦未見其屬稿也。是年冬，之安慶，主講高等學校。欲重赴香港，星加坡，未果。唯歲晚由檇李入吳江之舜湖，一探臏蹟而已。二年癸丑夏，重遊舜湖，愛其風景秀逸，居久之。旋過蘇州，主滾繡坊鄭氏。恒至玄妙觀前紫芝齋購粽子糖食之，蓋其所酷嗜之物也。欲東遊泰山，及赴迎江寺應拂塵法師之招，均不果行。玄瑛體弱善病，而食慾亢進。嘗在日本，一日飲冰五六斤，比晚不能動，人以為死，視之猶有氣，明日復飲冰如故。以是恒得洞泄疾，旋愈旋作。自癸丑以還，輒東居養疴。亦間為說部，刋諸報章雜誌。七年戊午，至滬上，臥疾金神父路廣慈醫院數月，竟不起。時太陽歷五月二日也。年三十有五。番禺汪兆銘為經理其身後事，葬杭州西湖孤山。玄瑛歿時，河合氏猶建在。姊榎本榮子，日本商人婦。初，玄瑛在粵，假父爲聘女，名曰雪梅。假父歿，女家絕玄瑛婚，雪梅佗傺死。旣東渡，河合氏有姊，欲以女靜子嬪玄瑛，亦未果。玄瑛獨行之士，不從流俗。奢豪愛客，肝膽照人。而遭逢身世，有難言之恫。續事精妙奇特，自創新宗，不依傍他人門戶，塞纏斷緒，非食煙火人所能及。小詩悽豔絕倫。說部及尋常筆札，都無世俗塵土氣。殆所謂「却扇一顧，傾城無色」者歟。遺著之可考見其篇目者，有梵文典八卷，初步梵文典四卷，梵書摩多體文，沙昆多羅，嶺海幽光錄，娑邏海濱遯蹟記，泰西羣芳名義集，法顯佛國記惠生使西域記地名今釋及旅程圖，英譯燕子箋，曼殊畫譜，均不傳。傳者拜輪詩選，文學因緣，潮音集，漢英三昧集，悲慘世界，斷鴻零雁記，天涯紅淚記，絳紗記，焚劍記，碎簪記，非夢記，燕子龕隨筆十餘種而已。其他人所掇拾者，有蔡哲夫輯曼殊遺畫一卷，王德鍾輯燕子龕遺詩一卷，沈尹默輯曼殊上人詩稿一卷，馮秋雪輯燕子龕詩一卷，柳無忌輯蘇曼殊遺詩一卷，周瘦鵑輯燕子龕殘稿五卷，段菴旋輯燕子山僧集七卷。今並行於世。

柳棄疾曰：世以玄瑛父震旦而母嶋夷，方諸鄭延平，謂文事與武功足以相埒也。余詳考其身世，則有相刺謬者。或謂玄瑛生前所掩覆之跡，而暴露之於身後，虞有唐突之嫌，非所以忠死友。余曰：不然！史以昭實，不實奚史，新傳猶史體也，何諱之有？且考諸史籍，金日磾以胡人歸化，不失為漢名臣。范希文隨母改適張氏，不失為宋大儒。此在曩昔，猶視爲故常。況居今日瀛海棣通，文明漸進之世耶？

於玄瑛誠奚病焉。於玄瑛誠奚病焉。

蘇玄新瑛傳考証

柳亞子

（一）

新傳事實，取潮音跋爲藍本，而副以斷鴻零雁記。至二文有牴牾者，爲參互異同，從長取決之。

（二）

潮音跋不署年歲，今斷爲民國紀元前一年辛亥作。因潮音以是年出版，且跋言玄瑛年二十有八，正當此歲也。

（三）

潮音跋疑是玄瑛自撰而嫁名飛錫者，以無確証，且爲行文便利計，故仍不沒飛錫之名。

（四）

據潮音跋及斷鴻零雁記，玄瑛父確爲日本人。然日人之子，胡從歸化吾土，取得家姓及國籍？而玄瑛學陸軍時，清使汪大燮且以使館公費助之。苟非別有淵源，於義實不可通。跋言玄瑛五歲隨遠親西行支那，遠親當卽指蘇某。然日華異國，胡從有親戚之誼？其爲遁辭，確然易見。記稱蘇某爲父執，又謂義父。然河合氏以一婦人，孑身挾愛子，隨異國之人，遠入粵土，實大悖人情。且何解於玄瑛朋舊咸知玄瑛爲蘇某子，又咸知蘇某娶日本女而生玄瑛哉？唯斷以河合氏改嫁一語，則所謂義父者，直是假父，而羣疑悉解矣。民國元年，潮音跋初在太平洋報發表。友人劉三，疑其與平日所聞異撰，即面詢玄瑛，玄瑛支吾其詞。時陳去病私語余：『必河合氏改嫁蘇某，玄瑛弗肯明言耳。』今日思之，實無以易此說也。（記述三郎乳媪語：『爾父執爲人誠實，恒念爾生父於彼有恩，視爾猶如己出』云云。余按宗郎或與蘇親善，宗郎歿，蘇某憐孤兒寡婦而納之，亦事理所恒有也。）章太炎曼殊遺畫弁言云：『父廣州產，商於日本，娶日本女而得子縠。』

得字按古訓固可作生字解，然章氏與玄瑛交頗深，或微聞其事，而以古訓託微詞歟。又云：『廣中重家法，族人以子縠異類，羣擯斥之。』蓋所謂異類者，非特國籍之異，抑亦血胤有殊矣。宜跋語以爲『遭逢身世，有難言之恫也。』（燕子龕隨筆述甕婦開池育再嫁瑪哈默德事無貶辭，疑玄瑛或不以婦人夫死改嫁爲非。然於己之身世，終於諱莫如深者，東方舊禮敎觀念爲之梗耳。）

（五）

跋言王父忠郎而不詳父名，記則稱生父宗郎。忠宗一音之轉，不知何以當日命名，不避雷同如此？殊不可解！

（六）

跋言太夫人河合氏而不詳父姓。記有『河合其姓，三郎其名，』及『是即河合夫人居乎』云云，與跋語剌謬。余按天義報載玄瑛母撰曼殊畫譜序，自署河合氏，與跋語合。則河合實玄瑛母姓，而非父姓矣。又按畫跋：『今奉慈母移居村舍，殘冬短晷，溯風號林。吾姊榎本榮子屬畫，泚筆成此。』余初疑榎本即玄瑛父姓。嗣據鬥作人先生云：『榎本榮子當係夫姓。因日本照例如此，出嫁女子即喪失其本姓也。』或謂如此則河合亦當用夫姓。但稱氏與稱名有別，稱名可冠夫姓，而稱氏則必本姓。且河合既改嫁蘇某，卽與前夫家族脫離關係，自不得復用其姓。則所稱河合夫人居者，必其東歸後獨力經營之家庭，舍本姓殆無可用。至玄瑛所以稱河合三郎，當亦與生父之族義絕，不得不從母姓耳。

（七）

玄瑛假父蘇某，弁言稱『廣州產，』而不詳何縣人。天義報載玄瑛所撰秋瑾遺詩序，自署香山蘇子穀，故今以爲香山人。

（八）

跋言：『五歲別太夫人，隨遠親西行支那。』記則云：『慈母愛子之心，無所不至，乃親自抱爾潛行來遊吾國，僑居三年。』余據弁言，河合氏確曾隨蘇某歸粵，則記文爲是。跋語云云，蓋有意洗刷河合氏改適蘇某事，故併其赴粵一節，亦削去之，非事實也。

（九）

河合氏居三年歸日本，亦依記文。弁言云：『父死，母歸日本，』恐誤。陳去病有與余論玄奘事書，亦云：『母歸而玄瑛獨留，嗣以父喪，遂出家於粵之慧龍寺』也。

（十）

香港從西班牙羅痾氏治歐文二載，依記文。弁言云：『今子穀出就外傳，習英吉利語。』當即此事也。唯章氏以爲在河合氏歸日本前，則微悞耳。跋言：『嘗從西班牙莊湘處士治歐洲詞學，莊公欲以第五女公子雪鴻妻之。』莊湘即羅痾氏之名。記言：『其女公子曳薾藍文褲以出，頗有愁容，至余前，殷殷握余手，親持紫羅蘭花及含羞草一束，英文書籍數種見貽，余拜謝受之。』正指雪鴻事。（香港從羅痾氏治歐文時，玄瑛年尚幼，無緣有議婚事。蓋議婚自在資助赴暹羅時也。）玄瑛題拜輪詩集絕句序：『西班牙雪鴻女詩人過存病榻，親持玉照一幅，拜輪遺集一卷，曼陀羅華共含羞草一束見貽，且殷殷勗以歸計。嗟夫！予早歲披剃，學道無成。思維身世，有難言之惘。爰扶病書二十八字於拜輪卷首，此意惟雪鴻大家心知之耳。』又庚戌五月與高天梅論文學書：『衲謂凡治一國文學，須精通其文字。昔瞿德逢人，必勸之治英文，此語專爲拜輪之詩而發。夫以瞿德之才，豈未能譯拜輪之詩，以非其本眞耳。太白復生，不易吾言。昨歲南渡，舟中遇西班牙才女羅弼氏，亦以此說爲當，即贈我西詩數冊，每於榔風椰雨之際，挑燈披卷，且思羅子，不能忘弭也。』以數者互証，足見莊湘與雪鴻，即羅弼氏父女無疑。

（十一）

跋言：『年十二，從慧龍寺主持贊初大師披剃於廣州長壽寺。』

而不言其東渡之歲。記文亦無年歲。唯河合氏謂三郎云：『此為吾養女，今年十一，少爾五歲，即爾女弟也。』則玄瑛是年當為十六歲。然跋言玄瑛歸日後，學泰西美術於上野二年，學政治於早稻田三年，學陸軍八閱月，又至扶南，隨喬悉磨長老究心梵章二年，又歸入西湖靈隱山，著梵文典八卷，復始至滬上，為國民日日報繙譯。截長補短，至少須八九年。而國民日日報出版之歲，為民國前九年癸卯，玄瑛年二十。若以十六歲東渡計算，中間只有三年，無論如何，安排不下。且玄瑛披剃後，即入博羅，坐關三月。再至雷峯海雲寺，足戒三旬。（據斷鴻零雁記第一章。）嗣任知藏於南樓古剎。（即斷鴻零雁記所謂荒村靜室。）亡何，以師命歸廣州，知長壽寺被毀，即乘歐舶渡日本。（記則謂駐靜室後，以師命下鄉化米，爲强者奪去，遂遇乳媼子潮兒，引歸乳媼家。尋至廣州，欲詣師面別，而寺已被毀云云。）計其首尾，不及兩載。故余意玄瑛赴日本，當在十三歲春。（據斷鴻零雁記，清明後四日，由乳媼家啓行。）是歲卽學美術，至十四歲止，爲二年。十五歲始改學政治，至十七歲爲三年。是歲復改學陸軍。十八歲至扶南，十八十九學梵文二年。二十歲春入西湖靈隱山。秋至滬上。恰恰符合。雖以十三齡童子，孑身航海，似爲奇跡。然部署行事。羅弼氏實左右之，或舟中亦有其他爲照料之人，未可知也。至記中所以必移東渡之年屬諸十六歲者，因如年歲太幼稚，則雪梅靜子諸戀愛事，均無從敘述。說部本託寓言，固不妨削足適屨耳。唯燕子龕隨筆有『余年十七，住虎山法雲寺』云云，實為余說有力之反証。然即依記文，十六已寧家，何以十七又在法雲寺？仍不可通。且隨筆別則，又有『十四歲時奉母村居』語，（一作『十四歲時隨母氏羈逗子。』）更顯相矛盾。疑玄瑛或亦誤記，不足信也。（如欲証實玄瑛十六歲東渡，只有一法。即將學美術二年，改為二月。學政治三年，改為三月。如此則十六歲春東渡，即學美術政治。十七歲學陸軍，十八歲至扶南，儘有迴旋餘地矣。唯太覺滑稽耳。又隨筆十七歲，仍須改為十五或十六歲，而十四歲又須改十六或十七歲，方合。否則仍矛盾也。）

（十二）

記文敍玄奘東渡後事，多與跋文剌謬不合。今悉以跋文爲正。於記中所敍事實，不復置論。

（十三）

癸卯赴蘇州及登衡岳，均據畫跋。（赴蘇州事，見文學因緣所載畫跋，周瘦鵑本燕子龕殘稿未錄。）

（十四）

癸卯重遊暹羅，甲辰由暹羅之錫蘭，均據畫跋。（重遊暹羅事，見眞光畫報所載畫跋，周瘦鵑本未錄。）師子國見章氏叢書太炎文錄初編別錄卷三法顯發見西半球說。

（十五）

乙巳主講祇垣精舍，據拜輪詩選自序。因序爲光緒三十二年丙午作，而序中云：『去秋白赤大學教授法蘭居士遊秣陵，會祔於祇垣精舍。』顯爲乙巳年事也。

（十六）

文學因緣序不署年月，茲定爲丙午上半年作者，因序中述拜輪哀希臘譯本，祗言梁啓超馬君武，而不及玄瑛所譯，知當時拜輪詩選尚未脫稿也。拜輪詩選序成於是年玄瑛由秣陵返日本時，則文學因緣成書當在其前無疑。至卷端之畫，或有於出版時加入者，又不必拘泥於年月之先後也。

（十七）

丙午之燕湖及秣陵，均據畫跋。（燕湖識鄧繩侯事，見天義報所載畫跋，周瘦鵑本未錄。秣陵識趙伯先事，見燕子龕隨筆。）

（十八）

何震辯畫譜事，據天義報所載曼殊畫譜序。內何震一文，署丁未初秋，故斷爲是年事。玄奘自序，署『佛滅度後二千三百八十三年，』初疑爲乙巳年作。因據天義報所載畫跋：『波邏罕學士西歸梵土，因作江干蕭寺圖一幅贈別，佛滅度後二千三百八十四年。』而文學因緣另一跋則作丙午也。唯自序中已有『爾時何震搜衲畫稿，將付梨棗，』確是丁未年口吻。案章氏送印度鉢邏罕保什二君序，署『日本明治四十年四月，支那章炳麟序。』自註云：『不稱佛入涅槃之歲者，年紀殽亂，無由考實。』據此則佛滅度後年歲之計算法，必不祗一種。而畫跋年歲之計算法，或未必與畫譜自序年歲之計算法相符也。故玄奘此序，當以丁未作爲是。河合氏序有『吾兒年二十四』語，亦可証明爲是歲所作。（何震文稱『並乞吾太師母，吾師，及太炎先生序而行之，』則自序及河合氏序必同時所作，非自序在先也。）

（十九）

梵文典廣告見丁未九月天義報，故知是年必有刊布之計劃。不識何以中止耳？獨秀題詩，署名爲『熙州仲子，』紀年則作『丁未夏五，』正是年也。章氏序稱『佛滅度後二千三百八十三年，』當亦是年作。其考証詳見上則。蓋玄奘輩於丙午歲考知本年爲佛滅度後二千三百八十四年，而至丁未歲又考知本年爲二千三百八十三年，相差有兩年之多。故章氏於丁未撰迻鉢邏罕保什序，寧從日本明治正朔，而不復用此『年紀殽亂無由考實』之紀元，亦不得已也。（明治四十年即丁未。）

（二十）

又按章氏癸卯歲以蘇報案被捕，至丙午始脫獄東行。如以佛滅度後二千三百八十三年爲乙巳，則章氏尚在上海獄中，正無緣與玄瑛識面，而序其所著書矣。（續考玄瑛答莊湘處士書云：『佛滅年代，種種傳說不同。德意志開士馬格斯牟勒定爲西曆紀元前四百七十七年，蓋本佛陀伽耶碑文，相差又有一年之限。吾師姑從之可耳。』按佛滅之歲，既爲西曆紀元前四百七十七年，則佛滅度後一年，當是西曆紀元前四百七十六年，下數至西曆一千九百〇七年丁未，恰爲佛滅度後二千三百八十三年。益信吾前說之不謬也。）

文學因緣廣告見戊申正月天義報，知出版必丁未年事。廣告有卷一卷二目次，今通行本祗一卷，故云僅成其半。

（二十一）

玄奘辛亥七月答莊湘處士書：『星洲一別，於今三年。』又庚戌五月與高天梅論文學書：『昨歲南渡，』末署『阿難發自耶婆提舊都。』按餘杭章氏以耶婆提爲南美耶科陀爾國，（見法顯發見西半球說）而玄奘則指爲卽今之爪哇。（見燕子龕隨筆）故知玄奘以己酉至星加坡及爪哇也。又庚戌五月與高天梅柳亞子書：『瑛比來咯血之疾復發，羈旅六月，已費去七百餘金，故未能買舟赴印。』是知赴印度必在庚戌五月以後也。居中印度芒碣山寺，據燕子龕隨筆。辛亥夏歸日本，則據潮音跋『會闍黎新自梵土歸來』語，以余考定是跋爲辛亥作也。

（二十二）

辛亥復渡爪哇，據答莊湘處士書有『破夏至爪哇』語。

（二十三）

辛亥以後事實，均得自玄瑛書札中，及余所親知灼見者，故不復別加考証。

（二十四）

「雪梅」靜子事仍據《斷鴻零雁記》。記中之年月及事實，不可盡信，然大體並非臆造也。絕婚事亦見「章氏弁言」。

蘇曼殊之我觀

柳亞子

（一） 蘇曼殊的家世與性格

蘇曼殊是一個浪漫的文學家，連他家世的傳述，也是很浪漫的。因爲他從沒有明白告訴人家，人家去問他時，他總說馬馬虎虎就算了。據我們從前所知道的，他父親是廣東人，母親是日本人，他是和歷史上有名的鄭成功一般的混血兒。但根據最近的發現，又知道他實在是一個完全的日本人，不過在五歲時就跟他的義父香山蘇某來到廣東，所以便變成廣東人了。他到廣東以後，他的義父不久就死去，家裏的人很排斥他，他生身的母親又遠在日本，眞是舉目無親，零丁孤苦，甚至于去做和尚，所以人家就叫他「蘇和尚」。但他做了和尚以後，又重新還俗，到日本找他的母親去，「蘇和尚」于是又不做和尚了。

蘇曼殊不愧是一個天才，梵文英文法文都嫻，詩文小說無不好。他批評各國文字，說最好是梵文，次之是漢文，歐洲各國文字都不能這樣精密。他是精通各種文字的，敢斷定如此。我因爲不懂外國文，便不能批評他這個斷定對不對。

他曾在蘇州吳中公學當過敎授。這個時候，正當南洋公學學潮起後，在上海的革命機關，如愛國學社，中國敎育會等，都鼓吹學生自己起來辦學。曼殊所敎授的學校，也是學生自己組織的。後來因官廳封禁，便停辦了。曼殊最愛蘇州，尤其愛蘇州紫芝齋的粽子糖。

他的性情非常浪漫，喜歡遨遊，除了中國和日本是他的老家，時常來往不算外，亞洲的地方，如暹羅，錫蘭，印度，南洋群島都到過。他歡喜吃，竟至貪吃。記得一九一二年上半年，我與他一同在上海時，家鄉有「麥芽塔餅」寄來，他竟一口氣吃了二十個，情願吃到肚痛生病。我還到家中以後，寫信去叫他來玩，他還問有沒有「麥芽塔餅」吃？他是被人稱爲工愁善病者，但是要曉得他所善病的，乃是病食。就是他的死，也是死于貪食而成的不起的腸胃症。他死後，景況非常蕭條，身後之事，都由一位和他沒有見過面的汪精衞先生替他主持。

汪君更和孫中山先生商量，籌到一點款子，爲曼殊築墓于西湖之孤山。担任築墓者說，想在墓前造一所燕子龕。燕子龕者，曼殊所以自名其飄流無定之住處也。

（二） 蘇曼殊的文學作品

蘇曼殊的文學才能，不是讀死書讀出來的，全靠他的天才。現在分成兩層來講：

1. 創作的文學

他的作詩，全不用心做作，全靠天才；他的詩完全是自然的流露。他的詩雖不用心做作，可是自然而然的非常優美，給讀者一種雋永輕清的味道，給讀者種種深刻的印象，使讀者誦讀過他的詩後不會忘記。我想把李延年的『北方有佳人，絕世而獨立，一顧傾人城，再顧傾人國』一詩來批評曼殊的詩是最好了。譬如他的：『春雨樓頭尺八簫，何時歸看浙江潮？芒鞋破鉢無人識，踏過櫻花第幾橋。』我們看這種詩，不是極「臨風獨立，飄飄欲仙」之趣嗎？他的詩個個人知道是好，却不能說出他好在什麼地方。就我想來，他的詩好在思想的輕靈，文辭的自然，音節的和諧。總之，是好在他自然的流露。他的詩彙刊成冊的，有我編印的燕子龕遺詩，可惜所印的一千本早就送完了。在北京有沈尹默編印的曼殊上人詩稿，在廣東有馮秋雪編印的燕子龕詩，現在都已絕版。上海大東書局出版燕子龕殘稿，是詩與小品文彙集在一起，外加一種燕子龕隨筆。還有最近出版的燕子山僧集，以燕子龕殘稿為藍本，再加入拜輪詩選，碎簪記，斷鴻零雁記，三種。在上海中原書局發行。

曼殊的小品文，有如其詩，亦極自然，非常的優美。人家一看見這種辭句，就能知道是曼殊做的。至于好在什麼地方，也是和他的詩一樣，不能斷定。譬如他的燕子龕隨筆，就有這種的神韻，令人百讀不厭。還有許多信札，也是極有趣味，在裏面流露着曼殊浪漫的個性。關于學術方面最重要的一封信，是他寫給西班牙莊湘處士的長信，對于梵文和佛教，有種種奇妙的見解，不同流俗。此外所做甚少，除尚有梵文典自序，曼殊畫譜自序，文學因緣自序，拜輪詩選自序，雙枰記序，等數篇外，竟找不出甚麼重要的作品了。

曼殊的小說，人人都愛好，也無庸我詳細介紹。有一本斷鴻零雁記，是上海廣益書局出版的，由商務印書館譯成英文，聰說蘇州東吳大學已把來當作英文課本。除了藝術上悱惻的情致，纏綿的筆意，足推爲曼殊傑作外，斷鴻零雁記也是曼殊的一篇自傳和戀史。還有絳紗，焚劍，兩記，登過甲寅雜誌，現印入上海亞東圖書館出版的名家小說內。此外如碎簪記登過新青年，非夢記登過小說大觀，天涯紅淚記登過一九二四年日本東京出版的國民雜誌。可惜都沒有單行本；尤其是天涯紅淚記沒有登載完，剩下的稿子不知到那里去了。還有一本盧冀野編印的曼殊說集，是集合碎簪，絳紗，焚劍，非夢，四記而成的。

2. 翻譯的文學

除了詩文小說以外，曼殊重要的作品，要算介紹外國文學了。曼殊精通梵文和英文法文，他的繙譯文學，要分三層來講：關于梵文，曼殊有譯印度詩聖迦黎陀娑所著的沙恭達羅劇曲一種，可惜現在沒有流傳。還有梵文典八卷，初步梵文典四卷，梵書摩多體文，法顯佛國記惠生使西域記地名今釋及旅程圖，也都不知下落了。關于英文，最初出版的是文學因緣，次之是拜輪詩選。文學因緣是一九〇八年正月在天義報上登廣告發行的。出版的年份，大概是一九〇七年，出版的地方是日本。牠的內容，第一是曼殊的阿輸迦王表彰佛誕生處碑譯文，第二是曼殊的畫九幅。以下便是英譯的中國詩，有詩經八章，古詩兩首，木蘭歌，李白詩七首，長恨歌，采茶詞，葬花詩。這許多東西並不是曼殊自己譯的，不過他把來編輯起來罷了。以下是曼殊譯的歌德題沙恭達羅詩一章，拜輪詩一截，又盛唐山民譯拜輪留別雅典女郎詩四首，再以下便是曼殊的自序。這是文學因緣的第一卷。還有第二卷，目錄見天義報廣告，除曼殊校錄南天竺婆羅門僧碑，冷泉亭眞景，又曼殊畫十幅以外，其餘都是英譯漢詩。這一卷沒有出版，現在連稿子都不知去向了。拜輪詩還成書在一九〇六年，出版在一九〇八年。書中印有曼殊自己的小像，和拜輪留別雅典女郎樂譜。牠的內容，是譯拜輪詩五篇：去國行，留別雅典女郎，贊大海，答美人贈束髮𧜟帶詩，哀希臘。其中四篇是曼殊自己譯的，留別雅典女郎詩，先載于文學因緣，據自序說是故友所譯，據天義報所登文學因緣目錄，說是盛唐山民譯。盛唐山在安慶省城，這一位無名的譯者，大概是安徽人了。這一部拜輪詩選銷路最好，從一九〇八年九月出版以後，一九一二年五月再版，一九一四年八月三版，都是在日本印刷的。再版上添了一九〇九年白零大學教授法蘭居士的一篇英文序。織拜輪詩選而出版的，有潮音一書。此書脫稿于一九〇八年，出版于一九一一年。據說是經過日本金閣寺僧飛錫所删定的。飛錫有一篇跋，講得很詳細，稿子現在我處。但潮音的印本上却沒有登載，眞是莫明其妙！潮音也在日本出版，是曼殊作品中裝訂和紙張最優美的一本書。上面有拜輪遺像一幅，曼殊自己的小像兩幅，又石像攝影一幅。次是白零大學教授法蘭居士的英文序，就是拜輪詩選上的那一篇。次是曼殊的中文自序，也和拜輪詩選上的自序完全相同，不過把一九〇六年的紀年，改作一九〇八年罷了。再次是曼殊的英文自序。潮音本書內，有曼殊譯的拜輪去國行，贊大海，答美人贈束髮䍤帶詩，哀希臘，師梨冬日詩，豪易特去燕詩，彭斯熲熲赤牆靡詩，梵士女詩人陀露哆樂苑詩，等等。留別雅典女郎詩也取入裏面。又有拜輪年表，係英吉利詩人佛子為曼殊參訂者。末附英吉利閨秀詩選一卷，都是英文。此外還有一部漢英三昧集，是一九一四年八月在日本出版的，印有曼殊僧裝小像，內容完全是英譯的中國詩，從詩經到李白，杜甫，張九齡都有，也是他人所譯而曼殊編輯的。內有幾首和文學因緣第二卷目錄相同，我疑心他就是把文學因緣第二卷來改造，不過換一個名目，又調換些材料罷了。末附英譯大乘起信論眞如門一節，李陵答蘇武書一篇。關于法文，他曾擬譯小仲馬的茶花女，但沒有譯成。譯成的祇有慘世界一書，是節譯法國嚣俄的哀史(Les Misérables)而加以穿插的。全書共十四回，內第一至第六回，又第十四回，大概是嚣俄原書所有，七至十三回，完全是曼殊加進去的。一九〇四年上海鏡今書局出版。以上各書，原本都已絕版了。現在市上所通行的，文學因緣是上海羣益書社再版本，把曼殊的畫删去，大概是翻印不出的緣故。又在底頁上把書名改作「漢英文學因緣」，但封面上却沒有改，不過「卷一」兩字被删去了。潮音有湖畔詩社再版本，删去了一幅石像攝影，但加上了新式標點是很好的。上海創造社出版部有代售。拜輪詩選，漢英三昧集，慘世界，都有上海泰東圖書局翻印本，不過「慘世界」被改做「悲慘世界」，「漢英三昧集」被改作「英漢三昧集」了。

此外，就要講到曼殊的畫了。曼殊的畫，也是天才，他的題材極少，只有淡淡的幾筆。我雖然不懂作畫，但頗覺美妙。畫家們也說他畫的好。他生平不肯多作畫。革命先烈趙伯先先生與曼殊相識于南京陸軍小學，伯先請他畫一幅「長城飲馬圖」，他沒有畫。後來黃花岡失敗，伯先憤懣嘔血而死。曼殊十分痛惜，便把畫畫好，叫人帶至香港，燒于伯先墓前，並謂從此以後，不復作畫了。曼殊的畫稿，流傳于人間者極少。一九〇七年在日本時，女弟子何震替他編一部曼殊畫譜，要想出版，到底沒有成功。文學因緣上有他的畫九幅，天義報上有八幅。曼殊死後，蔡哲夫把所藏的畫二十二幅，用珂羅板印行，名曰曼殊上人妙墨册子，但印得很少，現在已不能找到了。

（三） 蘇曼殊的思想

詩文小說繙譯和畫，都已講過了，今略講一講曼殊的思想。他的外貌，對于政治社會等問題彷彿很冷淡，其實骨底裏非常熱烈，不過不表現于臉上罷了。朋友們聚在一起談到國事時，他便道今夜只談風月。同盟會在日本進行的時候，他也沒有入會；雖然他的朋友都是革命黨人，甚至于開秘密會議時也不避着他。但當辛亥革命，先烈陳英士先生在上海起義，消息傳到南洋去時，他忽然熱烈起來。此時他正在南洋教書，沒有旅費還來，便將書籍衣服完全賣去，一定要趕回上海。在尚未還國以前，他寫一信給我，其中有詩兩句是：『壯士橫刀看草檄，美人挾瑟請題詩。』並說道：『遙知亞子此時樂也！』從這幾句話，可以知道他對于革命希望的熱烈了。還有一件事，就是上海城隍廟開闢商場時，他說賣糖粥的從此沒有生路了；能開店的都是有資本的，小販生活將絕了。他平常絕不談社會問題，然而無意之間却露出同情于無產階級的思想來，眞是「神龍見首不見尾。」

(四) 蘇曼殊的逸事

曼殊生平最喜吃，尤其喜吃糖果，可可糖，粽子糖，八寶飯，都是他的必需品。他又喜吃雪茄烟。曾聽人說，他在日本時，有一天雪茄完了，可是沒有錢，他便將口中的金牙齒拏下來去變錢買雪茄。他沒有錢，他的錢大抵是朋友供給他的；但是他身邊一有錢，就亂用起來，用完爲止。用完了，怎樣辦？他睡在牀上，蓋了被頭，不起來，任肚子饑餓着。還有一件有趣的事，一天他在上海馬路閒步，遇見一個友人。友人問他何處去，他說一個朋友請他吃夜飯。友人說我也被人家請去吃飯。後來問他請他吃飯的是什麼人，在什麼地方，他想了半天，竟說都忘記了。於是便跟着那位友人去吃飯。

（五） 結論

我現在總結蘇曼殊的生平，可以說：他乃一個天才文學家，極富浪漫性；他並不參與革命事業，但革命思想非常熱烈，對于社會問題亦復如是。我可以把「神龍見首不見尾」，「賢者不可測」，二句來做他的傳贊。

蘇曼殊作品提要

柳無忌

梵文典　八卷

一九〇三年成書

原書有章炳麟序，劉申叔序，曼殊自序，熙州仲子題詩，何震題偈，載一九〇七年九月天義雜志第六卷。是年擬將首卷開印，出版否未詳。有廣告見天義六卷，原文錄下：

梵文典八卷，粤東慧龍寺曼殊大師撰述，條例彰明，得未曾有。今將首卷開印，餘俟續刊。普願一切有情，同圓種智；

持此功德，迴向華嚴。首卷目次具列如左：

初步梵文典　四卷

據楊鴻烈蘇曼殊傳所引章太炎初步梵文典序，原書未見。

梵書摩多體文

原書未見。據曼殊與茶君書：『拙著梵書摩多體文，已爲桂柏華居士簽署，明歲宜可出版。』

沙昆多邏

一九〇九……一九一一年成書

原書未見。據一九〇九年曼殊潮音英文自序，有擬移譯是書爲中文之意。其辭云：『此後余將勉力譯成世界聞名之沙昆多邏 Sakuntala 詩劇，蓋我佛釋迦誕生地印度詩聖迦梨陀娑 Kalidasa 所著者也。』而一九一一年飛錫之潮音跋中，有『闍黎雜著亦多，如沙昆多邏……』等等，則是書之成，當在一九〇九至一九一一年之間也。

* * * * * * * *

曼殊文學因緣自敘——沙恭達羅（Sakoontalā）者，印度先聖毘舍密多羅（Viswāmitra）女，莊艷絕倫。後此詩聖迦梨陀娑（Kalidasa）作 Sakoontalā 劇曲，紀無能勝王(Dusyanta)與沙恭達羅慕戀事，百靈光怪。千七百八十九年 William Jones（威林，留印度十二年，歐人習梵文之先登者。）始譯以英文。傳至德，Goethe 見之，驚歎難爲譬說，遂爲之頌，則沙恭達綸一章是也。Eastwick 譯爲英文，衲重迻譯，感慨繫之。

沙恭達綸頌——春華瑰麗，亦揚其芬。秋實盈衍，亦蘊其珍。悠悠天隅，恢恢地輪。彼美一人，沙恭達綸。

燕子龕隨筆——迦梨達舍（Kalidasa），梵土詩聖也。英吉利騷壇推之爲天竺沙士比爾。讀其劇曲沙君達羅（Sakoontala），可以覘其流露矣。沙君達羅英文譯本有二：一 William Jones 譯，一 Monier Williams 譯；猶起信論有梁唐二譯也。

嶺海幽光錄

婆羅海濱遯跡記

泰西羣芳名義集

原書均未見，書名載飛錫潮音跋中。嶺海幽光錄及婆羅海濱遯跡記曾登載同盟會機關報民報內，署名南國行人，今訪求未得。泰西羣芳名義集未知是否即泰西羣芳譜。

泰西羣芳譜

粤英辭典

埃及古教攷

原書均未見。書名載民國雜誌第六號廣告。中泰西羣芳譜，粤英辭典爲羅鳳曼殊同纂。羅鳳疑卽南通沈燕謀。因據鄭桐蓀言，一九一二年夏曼殊曾與沈燕謀同譯字典，未知卽此書否？埃及古敎攷爲英國貝德黎博士原著，由曼殊譯爲漢文。

法顯佛國記惠生使西域記地名今釋及旅程圖

原書未見。金山高天梅未濟廬詩集有題詞，見一九一〇年南社第二集，今錄下：

誰歟健者橫雪山，窮絕天竺投巨艱。法顯惠生滅度後，宗風閟絕須追攀。茫茫印度前古隔，震旦人來此第一。功比險探奧與非，立溫斯敦仮頓曲。憶昔象敎入齊州，發揚巽釆功莫儔。想見二子作遊記，勤收博訪筆不休。忍令遺書束高閣？大乘圓法須探求。曇殊大師心獨苦，證到如如法音布。繪圖箋註導迷津，敢說今人不如古？槃槃貫珠指諸掌，觀者彿若歷西土。腦中高掛佛國旗，華鬘金碧如親睹。大千世界原三千，大師功德原無邊。天堂地獄究安在？稽首衆生爲宣言。一丈魔高一尺道，基督信徒傳宗敎；縱橫淩厲氣無前，載之兵舶助之砲。謨訶麥德稱英豪，欲行其說輔以兵。耶回足跡所至地，人民疾苦荊棘生。世界强權安可避，無以禁之敎不行。迦毗羅城悵回首，國耶種耶今無有！慈悲慈悲救人語，大好名詞只宣口。偏是鈍根强解事，讓人以肥自甘瘦。竊獨歸依禮世尊，作獅子吼招國魂。大雄大勇大無畏，如是我聞眞法門。世間萬事無可說，我作此詩是饒舌。我之言辭本虛假，不啻秋風一飄葉；我之驅殼本無存，四萬八千蟲出入。合掌焚香自懺悔，幾時跳出煩惱窟。十年面壁學參禪，他生或生兜率天。阿難多聞迦葉笑，不着一字眞安便。脫却妻孥如敝屣，如君方算無罣牽。了不解此有情種，澄然難着塵俗緣。重重帝網都歷遍，八萬天龍相後先。大師對我何以答？無所得亦無所失。傾四海水灑楊枝，衆生立地皆成佛。

英譯燕子箋

一九一一年成書

原書未見。飛錫潮音跋有：『又將燕子箋譯爲英吉利文，甫脫稿，雪鴻大家攜之瑪德利，謀刋行于歐土。』曼殊答莊湘書亦有：『燕子箋譯稿已畢，蒙惠題詞，雅健雄深，人間寧有博學多情如吾師者耶！』

無題詩三百首

一九一二年成書

原書未見。據一九一二年五月廿八日太平洋報文藝消息：『曼殊昨自日本來海上，仍駐本社編輯部內。有新著無題詩三百首，洋洋鉅製，聞不久即當付梓，以餉當世云。』

曼殊畫譜

一九〇五年成書

原書爲曼殊女弟子何震蒐集。有曼殊自序，母夫人河合氏序，章炳麟序，何震後序，均載一九〇七年天義第五卷。出版否未詳。

文學因緣　二卷

一九〇六年成書

一九〇七年卷一出版　發行所日本東京齊民社

一九……年卷一重印　發行所上海群益書社

原書共二卷，首卷在日本東京印刷發行，次卷未出。群益書社之重印本，內少畫九幅，封面并刪去『卷一』二金字。據一九〇八年正月之天義雜誌十五卷中，具載二卷目次。其首卷目錄與原書同，惟中少子夜吳歌之英譯一首。其次卷目錄，亦已擬就，惜未能印行。今將兩卷目次俱錄下：

卷第一目次

曼殊上人序

卷第二目次

英譯杜甫詩六首

英譯王維孟浩然王昌齡張籍翁綬王勃岑參崔顥詩各一首

英譯孺子歌八首

一九〇六年成書
一九〇八年九月初版　發行者梁綺莊
一九一二年五月再版
一九一四年八月三版
一九二三年十一月四版　發行所上海泰東圖書局

原書在日本東京印行，有法蘭居士英文序一篇，曼殊自序一篇。自序撰于一九〇六年，即光緒三十二年丙午。潮音中亦載此序，復易爲一九〇八年戊申，疑係後來追改，蓋一序而兩用之也。法蘭居士序作于一九〇九年十月，載三版中，一九〇八年初版時當無此序。卷端有曼殊肖像，H.R. Allen 所塡拜輪留別雅典女郎英文原詩樂譜。內容有去國行，留別雅典女郎，贊大海，答美人贈束髮毯帶詩，哀希臘，共五篇。封面英文稱此書爲曼殊所譯，其原文爲 Byron's Poems Translated Into Chinese By The Rev. Mandju。內去國行贊大海等四篇，據本書自序皆足證明係曼殊自譯。惟留別雅典女郎譯詩四章，據曼殊文學因緣自序謂係其『故友譯自 Byron 集中』；又據天義十五卷文學因緣廣告目次，署爲盛唐山民譯。則此詩疑非曼殊手筆矣。

段庵旋燕子山僧集中，曾將此書收入。

潮音

一九〇八年成書

一九一一年夏刪定

一九一一年出版

一九二五年十一月重印　發行者上海湖畔詩社

原書印行於日本東京，裝潢精美，共一百二十九頁。卷端題黑底白書『潮音』二字，並附梵文。次頁印『羯磨阿闍黎飛錫校錄，淀江蓮華寺主重刊流通，東京神田印刷所印刷』字樣。內畫像四幅。一爲拜輪遺像，淸雋飄逸。其右則英文詩 She walks in beauty 一首，蓋拜輪傑作也。次曼殊像二幅，一作僧裝，一衣西服，下題『曼殊闍黎獅子國造像。』末幅似爲六朝石像，下題『福王少小風流慣，不愛江山愛美人。』每幅副頁，間以 Bhagavad Gita 語錄三則，不知名之英文詩一首。原書分二部，第一部爲英漢詩曲互譯，末附拜輪年表。第二部爲『曼殊闍黎英吉利閨秀詩選一卷，』旁署『西班牙雪鴻手鈔於南天旅次。』其漢譯詩中，有去國行十章，留別雅典女郎四章，答美人贈束髮䄅帶詩六章，大海六章，哀希臘十六章，並載拜輪詩選。餘如冬日，去燕，頻頻赤牆靡三篇，亦曼殊譯自英人名著。樂苑一詩，則譯自梵土女詩人陀露哆。英譯詩曲有西廂警夢文，詩經北風二章。又伍子胥河上歌，與師梨 Love's Philosophy 詩同列一頁，則以其辭氣相副也。此外尙有法蘭居士題曼殊畫冊詩，素嘉女士水龍吟，與Bande Mātaram! 一首。拜輪年表共三頁，據飛錫潮音跋，云爲英吉利詩人佛子所參訂者。其英吉利閨秀詩選一卷。共四十二篇，六十三頁。卷尾有 Bhagavad Gita 中之二節，及懷寧鄧純侯憶曼殊詩殿焉。原書有序三篇，一爲法蘭居士英文序，一爲曼殊中文自叙，均見拜輪詩選。又曼殊英文自序一篇，作於一九〇九年，序中論述師梨拜輪二詩人之異同，並有移譯印度詩劇沙恭達羅之意，則爲拜輪詩選所無。此外尙有日本僧飛錫潮音跋一篇，見一九一二年六月九日至十一日上海太平洋報，而本集中獨未載，不知何故。跋中記曼殊家世事蹟極詳。後幅歷述編印潮音經過，玆節錄於下：

……今夏安居松島，手寫闍黎舊著潮音一卷，將英譯陳元孝崖山題奇石壁，澹歸和尚貽吳梅邨詩，杜牧秦淮夜泊，陸放翁細雨騎驢入劍門絕句，及漢譯師梨含羞草數章刪去。復次加拜輪年表於末，係英吉利詩人佛子爲闍黎參訂者。今與蓮華寺主重印流通，仍曰潮音。聖哉，響振千古！不啻馬鳴菩薩賴吒婆羅。當願恒河沙界，一切有情，同圓種智。會闍黎新自梵土歸來，詣其王父墓所，道過山齋，握手欷歔，淚隨聲下。爰出是篇，乞闍黎重證數言。闍黎曰：『余離絕語言文字久矣。當入鄧尉力行正照。吾子其毋饒舌。』闍黎心量廓然，而不可奪也……

湖畔詩社之重印本，共一四七頁。內少六朝石像一幅。句讀用新式標點，清晰可觀，惟間亦有錯誤處。

漢英三昧集

一九一四年八月出版　發行者東辟

一九二三年再版　發行所上海泰東圖書局

原書印行於日本東京，共一百二十頁。內英譯中國名詩七十一篇，文二篇，爲曼殊所纂訂者。書中無序跋，僅卷端有曼殊僧裝像一幅。

悲慘世界

一九〇三年十……十二月　國民日日報六三……一一五號

一九〇四年出版　發行所上海鏡今書局

一九二一年十月重印　發行所上海泰東圖書局

一九二五年六月三版　發行所上海泰東圖書局

此書初稿載一九〇三年上海國民日日報，係曼殊著作之最初問世者。原名慘社會，署『法國大文豪囂俄著，中國蘇子穀譯』，刊至第十一回未完。嗣由上海鏡今書局發刊單行本，出全十四回，改名慘世界，署『蘇子穀陳由己同譯』。由己卽陳獨秀，原書曾經其潤飾，故署雨八姓名也。單行本之內容，頗有與初稿不同處，但均無關重要。又五，六，十一回之回目，亦與初稿不同。初稿第五回回目爲『貪和尙慷慨留客』，第六回回目爲『富和尙假意憐人』，其意均在指斥孟主教，然書中於主敎實無貶詞，頗覺矛盾。蓋初稿回目未確定，故單行本加以修正耳。曼殊沒後之三載，一九二一年由胡寄塵囑泰東圖書局翻印，復改名悲慘世界，削去陳由己名，署『著述者蘇曼殊』。一九二三年十一月北京晨報副鐫楊鴻烈所撰蘇曼殊傳，對此書批評頗詳。惟以書中拿破崙稱帝爲影射袁世凱則大誤，蓋曼殊譯此書時，尙遠在一九一一年中國革命以前也。

斷鴻零雁記

一九一二年五…八月　上海太平洋報四二…一二九號

一九一九年四月出版　發行所上海廣益書局

一九二五年六月三版　發行所上海廣益書局

此書原來計劃，似分上下兩卷。一九一二年八月十二日太平洋報文藝消息寄塵通信答不才君：『斷鴻零雁記上卷已完』，則尚有下卷可知。惟下卷未見，亦未知其成書與否？上卷共二十七章，登一九一二年五月十二日至八月七日上海太平洋報，時胡寄塵實爲此報主筆也。至一九一九年，寄塵復以原稿交上海廣益書局發刊單行本，內容與太平洋報無異。惟報載廿七章末尾『而不知余彌天幽恨，正未有艾也』，正爲下卷作張本。今廣益本改作『而不知彌天幽恨，正未有艾，吾擱筆不忍再言矣』，疑出寄塵改竄，以爲收束全書之計耳。卷端有寄塵一序，言『此稿在民國元年曾載太平洋報，後報因事停頓，故是稿亦未刊畢』。後兩語完全錯誤。蓋上卷廿七章在太平洋報上確已刊畢，——此報至一九一二年雙十節後始停版，——惟第一至第五章，又十三至廿七章，均刊入正頁，而六至十二章，則印入該報附送之太平洋畫報中，或寄塵因此致誤也。近廣益三版本底頁廣告，言『在民國元年時，曾載太平洋報，然僅十之三四』。則更嚮壁虛造矣。或撰廣告者祇見太平洋報所登一至五章，亦未可知。三版本有廣益書局魏承恩一序，述『甲子秋商務印書館特向本局商借版權，譯成英文』事，而將寄塵原序删去。廣益對于此書，未出稿費，本無版權可言。因商務不明眞相，致譯英文本時有商借版權之舉，而廣益亦儼然居之不疑。删去胡序，蓋意在掩過此一重公案耳。段菴旋燕子山僧集中，亦收此記，並加新式標點。

柳亞子有斷鴻零雁記研究一文，考證此書事實頗詳盡。

一九二五年，原書由梁社乾譯爲英文，在上海商務印書館出版。

一九二六年，福建協和大學黃嘉謨將此書編爲戲劇，出單行本，並已扮演數次，聞成績甚優美。

天涯紅淚記

一九一四年五月　民國雜誌第一年第一號

原稿載日本東京民國社發行之民國雜誌。計分若干章，現所載祇第一全章，及第二章之半，以下未見。

絳紗記

一九一五年七月　甲寅雜誌第一卷第七號
一九一六年九月出版　發行所上海亞東圖書館
一九二三年三月再版　發行所上海亞東圖書館

原稿初載章行嚴主撰之甲寅雜誌第七號，署名曇鸞，有爛柯山人及獨秀山民序。一九一六年九月，仍由甲寅雜誌社出版，與焚劍記合訂一册，列入章行嚴選定名家小說之一。一九二三年再版，與他書混合成册，不復單行。盧冀野收入曼殊說集。柳亞子有絳紗記考証一篇，索隱書中人物事實極詳盡；其以薛夢珠爲即曼殊化身一段，尤爲的論。

焚劍記

一九一五年八月　　甲寅雜誌第一卷第八號

一九一六年九月出版　　發行所上海亞東圖書館

一九二三年三月再版　　發行所上海亞東圖書館

原稿初載甲寅第八號，署名曇鸞。一九一六年九月，由甲寅雜誌社出版，與絳紗記合訂一冊，列入章選名家小說之一。一九二三年再版，與他書混合成冊，不復單行。盧冀野收入曼殊說集。

碎簪記

一九一六年十一：十二月　新青年雜誌第二卷第三，四期

原稿載上海羣益書社發行之新青年雜誌，有陳獨秀後序。段菴旋收入燕子山僧集。盧冀野收入曼殊說集。

非夢記

一九一七年十二月　小說大觀第十二集

原稿載上海文明書局出版之小說大觀十二集，署『曼殊上人遺墨』，並印曼殊遺照一幅。按曼殊歿于一九一八年五月，此集既稱遺墨，出版當在一九一八年五月以後，其署一九一七年十二月者，並非事實。我國定期刊物，每多愆期習慣，此亦其一也。集中載天笑生天竺禮佛記，紀戊午三月事，戊午卽一九一八年，可爲明證。盧冀野曼殊說集，亦收此記。

燕子龕隨筆

載生活日報一九…五二號　一九一三年十一…十二月

載華僑雜誌第二，三期　一九一三年十二月……

一九一四年一月

載民國雜誌第一年第一號　一九一四年五月

載文藝珊瑚網第一集　一九一四年十一月

載民權素第十三集　一九一五年十二月

載燕子龕殘稿　一九二三年八月

載燕子山僧集　一九二六年六月

原稿凡七見。初載生活日報附張，生活藝府閒話欄內，共六十三則，下標「未完」二字。華僑雜誌共四十四則，疑從生活日報內摘錄者。民國雜誌共六十四則，較生活日報多一則，字句亦多差異，疑係曼殊增訂之稿。文藝珊瑚網共六十三則，與生活日報同，惟次序有互異處。民權素分爲隨筆，詩話兩種，隨筆二十五則，詩話十五則。內詩話第十三則記秦淮張麗華小祠事，爲他本所無，其餘均同。燕子龕殘稿共六十三則，與生活日報及文藝珊瑚網並同，而次序則各異。燕子山僧集亦六十三則，與燕子龕殘稿完全相同。統觀各書所載，去其重複，共六十五則。

曼殊上人妙墨册子

一九一九年出版　編纂者順德蔡哲夫

此書爲順德蔡哲夫編纂，騰衝李印泉出貲印行。封面有黃濱虹題簽，署『曼殊上人妙墨』。卷端有石禪老人趙藩題字，署『曼殊上人妙墨册子』，及題詩，又曼殊遺像，章炳麟墨跡弁言。卷末有黃節，秦錫圭，沈尹默，潘飛聲，王西神題詩。曼殊遺畫共二十二幅，用珂羅版精印。

燕子龕遺詩

一九二〇年七月出版　編纂者青浦王德鍾

此書爲青浦王德鍾編纂，吳江柳亞子印行分送。書用仿宋體字精印。封面有醴陵傅屯艮題簽。卷端有虞山蕭退安題字，王德鍾序，柳亞子蘇玄瑛傳，王德鍾弔蘇曼殊詩，柳亞子哭蘇曼殊詩。卷末有傅屯艮跋，並附于湉園見蘇曼殊遺畫二絕句。中曼殊遺詩九頁，計七言絕句六十一首，五言絕句四首，共六十五首。王德鍾序云：『但其作詩年月，莫獲詳其先後，頗憾排比失序。曼殊好爲絕句，他詩未之多見。譯詩別有刊本，茲不羼入』。可見其體例之一斑矣。柳亞子有燕子龕遺詩序一首，未編入集中。

一九二一年出版　編纂者香山馮秋雪

此書爲香山馮秋雪編纂，雪堂詩社校刊。封面有馮印雪題檢。卷端有惺厈居士序，香山黃沛功序、馮印雪序，馮秋雪序，柳棄疾傳，章炳麟傳。——即曼殊上人妙墨册子弁言——卷末有章父跋，桂林孫醑集曼殊詩，香山馮趙冰雪集曼殊詩。中曼殊詩八頁，以燕子龕遺詩爲藍本，增加本事詩十首，題師梨集一首，而删去複出之有贈一首，計七十五首。馮印雪序云：『增十有一首，共七十有六首。』蓋未計及删去之一首耳。

沈尹默書曼殊上人詩稿

一九二一年出版　編纂者吳興沈尹默

此書爲吳興沈尹默編纂兼手寫，張氏影光室印行。原書未見。據周作人先生云：『此冊所收卽燕子龕遺詩全部，又補本事詩九首。末附沈君題詞，計詩七首，詞二闋。』

蘇曼殊詩集

一九二七年一月出版　編纂者吳江柳無忌

此書爲吳江柳無忌編纂兼印行，用仿宋體字精印。計詩八十三首，比燕子龕遺詩多十八首。卷首有柳亞子序。末附校勘記。

燕子龕殘稿

一九二三年八月出版　編纂者吳門周瘦鵑

一九二五年八月五版

此書爲吳門周瘦鵑編纂，列入紫羅蘭盦小叢書之三，上海大東書局印行。封面有袁鶴厂題字。卷端有周瘦鵑弁言，曼殊遺像一幅。內容分詩，譯詩，隨筆，書札，序跋雜文五類。詩凡七十七首，較燕子龕遺詩多十一首。譯詩共四十八首，錄自潮音及文學因緣中。隨筆六十三則，與載生活日報及文藝珊瑚網者同，惟次第間有互異處。書札二十二通，均錄自南社叢刻。序跋雜文十篇，由各處隨意抄集。末附柳亞子蘇玄瑛傳，章太炎曼殊遺畫弁言。曼殊經鉢飄零，塵勞行脚，遺稿故多放失。此書搜集頗廣，然遺漏亦正不少也。

燕子山僧集

一九二六年六月出版　編纂者城步段菴旋

此書爲城步段菴旋編纂，湘益出版社印行。卷端有段菴旋序，曼殊畫像兩幅。卷末有巫城蕭九重跋。內容分六類：首舊詩七十七首，附去燕四首。次拜輪詩選一卷，附拜輪畫像一幅，沙恭達綸一首，譯英國名家詩一藏，阿輸迦王表彰佛誕生處碑文一首。次碎簪記及斷鴻零雁記，附樂苑一首，冬日一首，顯顯赤牆靡四首。次燕子龕隨筆六十三則。次燕子龕書札二十二通。次序跋雜文八篇，附柳亞子蘇玄瑛傳，章太炎曼殊遺畫弁言。內舊詩，隨筆，　書札　，並與燕子龕殘稿同。序跋雜文比燕子龕殘稿少二篇，因拜輪詩選自序已移入本編之首，而佛誕生處碑又移附他處也。全書用新式標點，淸晰可觀，唯錯誤處正復不少。

曼殊說集

一九二五年一月出版　編纂者江南盧冀野

此書爲江南盧冀野編纂兼印行。卷端有松江姚鵷雛題字，盧冀野序。內容係集合非夢，碎簪，絳紗，焚劍四記而成者。卷末有下邳戴啓鈞跋。

蘇曼殊作品索引

柳亞子

(甲)曼殊自著之部

梵文典八卷——據飛錫潮音跋及天義第六卷梵文典序，原書未見。

初步梵文典四卷——據楊鴻烈蘇曼殊傳所引章太炎初步梵文典序，原書未見。

梵書摩多體文——據曼殊與某君書，原書未見。

沙昆多邏——據飛錫潮音跋，原書未見。

嶺海幽光錄——據飛錫潮音跋。又曾見民報，今訪求未得。

娑邏海濱遯蹟記——同上。

法顯佛國記惠生使西域記地名今釋及旅程圖——據飛錫潮音跋，原書未見。

泰西羣芳名義集——同上。

泰西羣芳譜——據民國雜誌第五號廣告，原書未見。

埃及古教考——同上。

粤英辭典——同上。

英譯燕子箋——據飛錫潮音跋及曼殊答瑪德利瑪湘處士書，原書未見。

無題詩三百首——據太平洋文藝消息，原書未見。

曼殊畫譜——據天義第五卷曼殊畫譜序，原書未見。

文學因緣——日本東京博文館印刷，齊民社發行，已絕版。上海羣益書社翻印，改名漢英文學因緣。

拜輪詩選——日本東京三秀舍印刷，梁綺莊發行，已絕版。上海泰東圖書局翻印。段菴旋收入燕子山僧集。

潮音——日本東京神田印刷所印刷，已絕版。湖畔詩社翻印，上海創造社出版部寄售。

漢英三昧集——日本東京三秀舍印刷，東辟發行，已絕版。上海泰東圖書局翻印，改名英漢三昧集。

慘社會——見國民日日報。上海鏡今書局出版單行本，改名慘世界，已絕版。上海泰東圖書局翻印，改名悲慘世界。

斷鴻零雁記——見太平洋報。上海廣益書局出版單行本。段菴旋收入燕子山僧集。梁社乾有英譯本，上海商務印書館出版。

天涯紅淚記——見民國雜誌第一號。

絳紗記——見甲寅雜誌。章行嚴收入名家小說集，甲寅雜誌社出版。上海亞東圖書館發行。盧冀野收入曼殊說集。

焚劍記——同上。

碎簪記——見新青年第二卷，第三，四號。盧冀野收入曼殊說集。段菴旋收入燕子山僧集。

非夢記——見小說大觀第十二集，上海文明書局出版。盧冀野收入曼殊說集。

燕子龕隨筆——見生活日報附刊生活藝府第一九至五二號；華僑雜誌第二，三期；民國雜誌第一號；文藝珊瑚網第一集；民權素第十三集。周瘦鵑收入燕子龕殘稿。段菴旋收入燕子山僧集。

(乙)他人編輯之部

曼殊上人妙墨冊子——卽曼殊遺畫，蔡哲夫印行，已絕版。

燕子龕遺詩——王德鍾編輯，柳亞子印行，已絕版。

燕子龕詩——馮秋雪編輯，雪堂詩社印行，已絕版。

沈尹默書曼殊上人詩稿——沈尹默編輯，張氏影光室印行，上海亞東圖書局寄售，已絕版。

蘇曼殊詩集——柳無忌編輯兼印行，北京北新書局寄售。

燕子龕殘稿——周瘦鵑編輯，上海大東書局出版。

燕子山僧集——段菴旋編輯，湘益出版社印行，上海中原書局寄售。

曼殊說集——盧冀野編輯，南京江蘇第一監獄印刷，寄售處未詳。

蘇曼殊詩年月考証

柳亞子

曼殊作詩的年月，是很難証實的。現在依據在各種刊物上發表的先後，加以考証，列表如下：

（1）以詩幷畫留別湯國頓二首

此二首發表在一九〇三年十月七日即中歷八月十七日國民日日報附張黑闇世界上，應就是這一年做的，可算是曼殊最早的作品。

（2）住西湖白雲禪院作此

此首發表在一九一二年五月一日太平洋報附張太平洋文藝集上，原題有「八年前」三字，應是一九〇五年的作品。（據書跋，是年曾遊西湖。）別見一九一四年五月南社第九集。

(3)過平戶延平誕生處（民國作過鄭成功誕生處。）

(4)過蒲田（民國作淀江口占。）

(5)過若松町有感（民國作孤燈。）

(6)有懷二首（燕子龕隨筆作寄劉三白門。）

以上各首發表在一九〇九年十二月出版的南社第一集上。查曼殊是年上半年在日本，下半年在星加坡和爪哇，而各詩所述均日本事，應是本年上半年的作品。過平戶延平誕生處，過蒲田別見一九一四年五月民國第一號，過若松町有感別見一九一四年七月民國第三號。有懷二首別見一九一三年十一月七日，至十二月十日在生活日報附張生活藝府，及一九一四年五月在民國第一號發表的燕子龕隨筆內。

（7）本事詩十首（內第九首別作有贈，民國及隨筆作春雨。）

（8）代柯子簡少侯

（9）淀江道中口占（民國作蒲田道中。）

（10）題師梨集（民國作英吉利女郎贈師梨遺集。）

（11）落日（太平洋作失題。）

（12）爲調箏人繪像二首

（13）寄調箏人三首（第一首太平洋作西京步楓子韻，第二首作失題，第三首作水戶觀梅有寄。）

(14)寄晦聞(太平洋作寄廣州晦公。)

以上各首發表在一九一〇年十二月出版的南社第三集上。曼殊是年上半年在爪哇，下半年在印度，而各詩所述仍爲日本事，應仍是一九〇九年上半年的作品。內本事詩第九首別見南社第一集，又見民國第一號及燕子龕隨筆。淀江道中口占見民國第一號。題師梨集，落日，寄調箏人三首，寄晦聞見一九一二年四月十九日太平洋文藝集高鈍劍願無盡廬詩話。題師梨集又見民國第三號。寄晦聞又見一九一五年五月甲寅第五號。

(15)過若松町有感示仲兄

(16)調箏人將行囑繢金粉江山圖題贈二絕

以上各首發表在一九一一年六月出版的南社第四集上。曼殊是年上半年在印度，下半年重赴爪哇，夏間雖曾還日本一次，也許有作詩的可能，但各詩背景與南社第一集第三集所登完全相同，故仍定為一九〇九年上半年的作品。

(17)失題

此首發表在一九一二年四月十九日太平洋文藝集內顧無盡廬詩話上，與寄調箏人等並列，也是一九〇九年上半年的作品。

(18)西湖韜光菴夜聞鵑聲簡劉三

此首發表在一九一〇年六月出版的南社第二集上。查曼殊於赴星加坡前曾遊西湖，此詩應是一九〇九年下半年在杭州的作品。

(19)題拜輪集

此首發表在一九一〇年十二月出版的南社第三集上。查曼殊一九一〇年與高天梅論文學書：「昨歲南渡，舟中遇西班牙才女羅弼氏，……郎贈我西詩數册。」則此詩應是一九〇九年下半年在星加坡的作品。

(20)耶婆堤病中末公見示新作伏枕奉答兼呈曠處士

此首發表在一九一〇年十二月出版的南社第三集上。末公即章太炎，曠處士是太炎高足黃侃(季剛)。燕子龕隨筆：「余巡遊南洲諸島，忽忽二年，……太炎居士以素書兼其新作秋夜一章見寄。」查曼殊以一九〇九年南渡，第二年爲一九一〇年，此詩應是一九一〇年的作品。

(21)東裝歸省道出泗上會故友張君雲雷亦歸漢土感成此絕(民國

作耶婆堤島別張君。)

此首發表在一九一二年四月九日太平洋文藝集上。查曼殊以是年春由

爪哇還上海，此詩應是這時候的作品。別見一九一二年十月南社第六

集，一九一四年五月民國第一號。

(22)簡法忍

此首發表在一九一二年六月九日太平洋文藝集上，應是本年的作品。

別見一九一二年十月南社第六集，一九一三年十一月三日生活日報附

張生活藝府，一九一四年五月民國第一號。

(23)何處

此首據鄭桐蓀君鈔來。鄭君和曼殊在一九一二年下半年至一九一三年上半年曾同事於安慶高等學校，此詩應是這兩個半年中的作品。

(24)吳門依易生韻十一首

(25)無題八首（第一至第四首民國作空言。）

以上各首發表在一九一四年五月出版的南社第九集上。查曼殊是年在日本，上一年則在上海，並曾遊吳門。各詩應是一九一三年的作品。無題一，二，三，四，八，各首別見一九一四年五月民國第一號。第八首又見一九一五年五月甲寅第五號。

(26)爲玉鸞女弟繪扇（民國無「女弟」兩字。）

(27)南樓寺懷法忍葉葉

(28)飲席贈歌者（民國「歌者」下有「賈翰卿」三字。生活作彥居士席上贈歌者賈碧雲。）

以上各首發表在一九一三年十二月三日生活日報附張生活藝府上，應是本年的作品。別見一九一四年五月民國第一號。又爲玉鸞女弟繢扇，南樓寺懷法忍葉葉見一九一四年七月南社第十集。飲席贈歌者見一九一五年三月南社第十三集。

(29)東行別仲兄

(30)平原別邸贈玄玄

以上各首發表在一九一四年五月出版的民國第一號上。曼殊以一九一三年十二月東渡，東行別仲兄應是一九一三年十二月在中國的作品。

平原別邸贈玄玄有「且看寒梅未落花」句，應是一九一四年初春在日本的作品。別見一九一五年三月南社第十三集。

(31)偶成

此首發表在一九一四年七月出版的民國第三號上，應是本年的作品。別見一九一五年三月南社第十三集。

(32)東居雜詩十九首（民國作示蕭十二。）

此十九首發表在一九一五年三月出版的南社第十三集上，應是一九一四年的作品。內一，二，三，五，六，七，八，九，十，十三，十四，十五，十七，十八，十九，各首別見一九一四年七月民國第三號，但多缺句，故以南社所登爲正。

（33）芳草

此首發表在一九一六年九月出版的名家小說內寂寞程生西冷異簡記第十一章上，應是本年或上年的作品，也可算是曼殊最後的作品了。

補遺

（34）題畫

此首發表在一九〇七年出板的文學因緣內，應是這一年的作品。別見一九一七年十二月出板的小說大觀第十二集非夢記。

蘇曼殊文年月考證

柳亞子

曼殊作文的年月，比較詩是容易考證一點。現在根據在各種刊物上發表的先後，再加以別種證明，列表如下：

（1）梵文典自序

發表在一九〇七年九月初一日日本東京出版的天義報第六卷上，但根據年譜，應該是一九〇三年上半年在杭州的作品。雖然作風不類初期，大概是後來加以修改過的。

（2）女傑郭耳縵

（3）嗚呼廣東人

兩首同發表在一九〇三年上海出版的國民日日報上，上一首十月七，八，十二日，下一首十月廿四日，是這一個時候在上海的作品。

（4）文學因緣自序

發表在一九〇七年出版的本書上，照文字內的語氣，是在拜輪詩選脫稿以前做的；又有「比隨慈子至逗子海濱，山容幽寂，時見殘英辭樹」等語，是春天的光景；所以我們承認牠是一九〇六年春天在日本的作品。

（5）拜輪詩選自序

文末自署「光緒三十二年，佛從多羅夜登陵奢天下還日，曼殊序於太平洋舟中」，是一九〇六年的作品。「佛從多羅夜登陵奢天下還日」不曉得是什麼，現在還沒有查到牠的解釋。此文發表在一九〇八年九月出版的本書上。後來又移去做潮音序，把「光緒三十二年」改爲「戊申」，變成一九〇八年的作品了。

(6)海哥美爾氏名畫贊

(7)秋瑾遺詩序

(8)畫譜自序

(9)露伊斯美索爾像贊

四首同發表在一九〇七年的天義報上，第一首在七月廿四日出版的第四卷上，第二第三首在八月初十日出版的第五卷上，第四首在十月三十日出版的第八九十卷合册上。都是這一個時候在日本的作品。

(10)阿輸迦王表彰佛誕生處碑譯文

發表在一九〇七年出版的文學因緣上，應當是本年在日本的作品。我們主張文學因緣是一九〇六年春天脫稿的，則此文應該歸入一九〇六年，但據周作人先生說，此文是和章太炎有關係的（大概經過太炎的潤飾），而太炎到日本是一九〇六年的夏天，與文學因緣脫稿的時期冲突，所以我以爲此文是在一九〇七年出版時加入的。

(11)題百助眉史小影片寄天笑

發表在一九二三年八月出版的燕子龕殘稿上，爲曼殊示寂後第五年。查曼殊和調箏人的一段因緣，在一九〇九年赴南洋以前，而此文中有

「雪絮風念」語，當是一九〇九年歲首在日本的作品。「眉史」殘稿誤作「女史」，今據小說大觀第五集及半月雜誌第三卷第十六號所印小影片改正。

(12)畫跋廿七則

曼殊的畫跋，散見在文學因緣，天義報，眞光畫報，及蔡哲夫輯印的曼殊上人妙墨冊子等處，除去了重複的，還有廿七則。此廿七則當然不是一個時候的作品，最早的紀年癸卯，是一九〇三年，最遲的杭州韜光菴聞鵑聲，在一九〇九年，大概是這七年內的作品了。

(13)南洋話

(14)馮春航談

(15)華洋義賑會觀

三首同發表在一九一二年上海出版的太平洋報上，第一首四月七日，第二首四月二十日，是從爪哇初還上海時候的作品；第三首五月廿八日，是到過日本後再還上海時候的作品。

(16)燕影劇談

發表在一九一三年上海出版的生活日報上，日子是十一月十七日，是這一個時候的作品。別見燕子龕殘稿，但題目改爲談劇，內容又被削去後半截，其他字句亦微有不同。

(17)雙枰記序

文末自署「甲寅七月七日」，是一九一四年的作品。發表在本年十一月十日出版的甲寅雜誌第一卷第四號上。

(18)三次革命軍題辭

發表在一九一五年出版的本書上，是這一年在日本的作品。

(19)送鄧邵二君序

文末自署「民國六年二月十一日」，是一九一七年在上海的作品。大概在本年的民國日報上是發表過的，不過該舊報不在手頭，所以查不出月日了。

關於蘇曼殊的畫

柳亞子

曼殊的畫集，最先搜集者是曼殊畫譜，由他的女弟子何震編輯，在一九〇七年曾有出版的計劃。有曼殊母親河合氏的序，有章太炎的序，有曼殊的自序，有何震的後序，都在天義第五卷上發表過。但後來終於沒有出版，這一部曼殊畫譜的稿子，現在不知到哪裏去了。在一九一九年，即曼殊示寂後一年，始有蔡哲夫編輯的一本畫集出版，牠的題名，在封面籤條上是「曼殊上人墨妙」六個字，在裏封面上是「殊曼上人妙墨冊子」八個字。卷首有一篇章太炎的文章，是關於敘述曼殊事跡的，原來沒有題目，周瘦鵑把牠收入燕子龕殘稿內，替牠題了一個名字，是「曼殊遺畫弁言」。現在我們為便利起見，就把這一本畫集喚做「曼殊遺畫」了。這本畫集，內容有曼殊的畫二十二幅，曼殊的西裝照相一幅，是用珂羅版印的；其他除章太炎的一文外，尚有趙藩（石禪），黃節（晦聞），秦錫圭，沈尹默，潘飛聲（老蘭），王蘊章（西神）各人的題詩，都是石印的。畫集的稿子，大概都是蔡哲夫的藏本，每幅都有「阮簃秘玩」的印章；而印刷的錢，聽說是李印泉出的。所以章太炎的弁言內說：「遺畫十數幅，友人李根源印泉，蔡守哲夫為印傳之」了。十數幅的數目不正確；而傅熊湘在燕子龕遺詩跋中說：「畫別輯在粵中，凡得四十餘幅，將用珂羅版印行」，也是弄錯的。現在我們把二十二幅的題字，依次移錄如下：

（1）傾城大家命畫一顧樓圖，曼殊績於嵎夷。（傾城姓張，是蔡哲夫的夫人，自稱爲曼殊女弟子的。）

（2）華嚴瀑布在日光山，蓬瀛絕勝處也。仲子曾作華嚴瀑布詩十有四章，詞況麗瞻。又憶昔入羅浮，過黍珠菴，讀破壁間何氏女詩，有「百尺水簾飛白虹，笙簫松柏語天風」，亦可誦。吾今作是圖，未識可有華羅之勝否？曼殊令傾城錄。

（3）惟東漢孝明皇帝永平七年，歲次甲子，勑郎中蔡愔，中郎將秦景，博士王遵等一十八人，西尋佛法。至印度國，延迦葉摩騰，竺法蘭將白氎上畫釋迦像，及四十二章經一卷，載以白馬。以永平十年，歲次丁卯，十二月三十日，至于洛陽。帝悅，造白馬寺于城西雍門外，譯四十二章經。是爲像敎東流之始。曼殊畫此，幷識。實書。（實即鄧秋枚。）

（4）乙巳，拏舟金牛湖，寄似仲子。曼殊。

乙巳之秋，著書被議，避地如孤山。一日，過靈隱巖前，見一祝髮少年，石欄危坐，外雖雲衲，內衣毳織貫頭，眉宇間悲壯之氣逼人。余以爲必奇士，大不得已而爲之也。今讀斯圖，知曼殊是歲亦客西湖，因語曼殊，遂知當日所見，固曼殊也。去秋讀文學因緣，恨未相見，詎知五年前已識之矣。守記。已酉八月。（守是蔡哲夫的名字。）

（5）昔人天津橋聽鵑詞云：「最可惜一片江山，總付與啼鴂。」衲今秋弛擔䣕光菴，夜深時聞鵑聲，拾筆圖此，並柬季平一詩。詩曰：「劉三舊是多情種，浪跡烟波又一年。近日詩腸饒幾許，何妨伴我聽啼鵑。」曼殊命蔡守書。

（6）海天空闊九皋深，飛下松陰聽鼓琴。明日飄然又何處，白雲與爾共無心。曼殊畫。實題句。（此詩為曼殊所作）

張琴鼓天風，時答松濤響。坐冷石牀雲，孤鶴將安往。曼殊贈畫屬題，漫寫二韻。君曍拜志。（君曍即沈尹默。）

（7）君墨兄屬，曼殊。（此六字筆跡與尹默相似，當是尹默自己寫上去的。這一幅畫在眞光畫報上印過，旁邊添了兩行題字：「癸卯南遊，客盤谷，西村澄君過我，以耶馬谿夕照圖一幀見贈，並索予畫。予觀西村傑作有唐人之致，去其纖；有北宋之雄，去其獷；誠爲空谷之足音也！遂縱筆作此答之。已酉秋八月既望。曼殊命蔡守補書於徐家匯之半隱行窩，時夜已四鼓也。」此幅畫既說是答西村的，不知何以變爲「君墨兄屬」？既是「君墨兄屬」，何以又在哲夫處？眞是莫名其妙了。）

（8）丙午元旦，與申叔過馬關作。

（9）癸卯，入衡山，登祝融峯，俯視湘流明滅。昔黃龍大師登峨嵋絕頂，仰天長歎曰：「身到此間，無可言說，惟有放聲惆哭，足以酹之耳。」今余亦作如是觀。是夕，宿雨華菴，老僧索畫，忽憶天然和尚詩云：「悵望湖州未敢歸，故園楊柳欲依依。忍看國破先離俗，但道親存便返扉。萬里飄蓬雙布履，十年回首一僧衣。悲歡話盡寒山在，殘雪孤峯望晚暉。」即寫此贈之。曼殊禪師畫，令女弟子傾城錄。

（○）懷寧鄧子繩侯，爲石如先生賢曾孫也。究心經學，不求聞達。丙午，衲至皖江，遂獲訂交，昕夕過從，歡聚彌月。亡何，衲之滬。月餘，申叔來，出繩侯贈衲詩。詩曰：「寥落枯禪一紙書，欹斜淡墨渺愁予。酒家三日秦淮景，何處滄波問曼殊？」忽忽又半載，積愫綦悕，云胡不感，畫此寄似。曼殊志。己酉八月既望，屬蔡守補題。

（11）鉢邏罕西歸梵土，衲嘗製江干蕭寺圖贈別。今忽半載，剎那間耳。今夕扶病，作此遙寄。曼殊令蔡守錄。

（12）「誰知臥處徘徊，謝庭風景都非舊。畫堂塵掩，蓬生三徑，門垂疎柳。白晝初長，淸風自至，流年空又。看多情燕子，飛來還去，眞個不堪回首。　昔日嬌隨阿母，學拈針臨窗挑繡。斜陽樓外，熨殘銅斗，綠紋舒縐。蠶欲三眠，鶯還百囀，落花時候。問重來應否銷魂，試聽江城笳奏。」右素嘉水龍吟一闋。曼殊大師畫，屬女弟子張傾城錄。

（13）癸卯，與季平登雞鳴寺，觀臺城後湖百感交集，畫示季平。

已酉秋八月既望，曼殊上人過滬，出是册，委守夫婦爲之題識。詰朝，佛子來蔗過我，讀之，折服難極，遂題長句焉。曼殊因以是幀把似佛子，幷命守識之。八月二十四日也。

賸水殘山一角，寥落，何處辨華夷。有人凭檻淚交垂。知麼知？知麼知？調寄荷葉杯。成城倚聲。（成城是蔡哲夫的別號。）

(14)甲辰，南歸嶺海，風雨連緜，故友念安屬作茅庵偕隱圖。及後歸自星州，忽聞念安已辭塵世矣。但見三尺新墳，芳草成碧，鄰笛之恫，烏能已已。曼殊。實書欵。

海裔結茅茨，素心可偕隱。一別成終古，人生歎朝槿。已酉八月，蔡守題。

(15)久別慧子，忽辱寄詩，有「乞寫萬梅圖詔我，一花一佛合皈依一句，因續此以報。曼殊大師畫，令女弟子傾城書。

(16)「花柳有愁春正苦，江山無主月空圓。」寫憶翁詩意。(憶翁是宋末遺民鄭所南先生。)

佛心本多情，辟俗情猶擾。底事最關情，亡國情難了。傾城題。

(17)丙午，贈別鉢邏罕歸印度。

余作江干蕭寺圖，將寄梵土。及過中江，周子柏年見而愛之，則以轉贈。君曜錄曼殊語。

江水寒照人，黯然與師别。橋頭有孤柳，枝枯不堪折。守一題。(守一也是蔡哲夫的別號。)

(18)乙巳，與季平行脚秣陵，金鳳出素絹索畫，未成而金鳳他適。及後渡湘水，作此寄之。寧使殷洪喬投向石頭城下耳。

惱殺秣陵春，春隨樊素去。却似絮因風，飄泊向何處。守一題。

(19)癸卯，入吳門。道中聞笛，陰深凄楚，因製斯圖。

在昔有亡人，吹簫而乞食。卿緣底事悲，旗亭擫寒笛。傾城題。

(20)丙午，重過莫愁湖，畫寄申叔。

(21)甲辰，從暹羅之錫蘭，見崦嵫落日；因憶法顯，玄奘諸公，跋涉艱險，以臨斯土，而遊迹所經，都成往蹟。予以縈身情網，殊悔蹉跎，今將西入印度。佩珊，與予最親愛者也，屬予作圖。適劉三詩到，詩曰：一早歲耽禪見性眞，江山故宅獨愴神。

擔經忽作圖南計，白馬投荒第二人。」噫！異日同赴靈山會耳！曼殊畫，令蔡守書。

(22)丙午秋，須磨海岸送水野氏南歸。

離魂隨客去，和月逐帆飛。縱被風吹醒，江頭亦懶歸。守，守一題。

這二十二幅的題字，內第七幅只有「君墨兄屬，曼殊。」六个大字，最無關係，但眞光畫報上的題字可以補其缺陷，此外便都是很有考証價值的了。最重要的是各種有干支紀年的題字，可以考見曼殊遊踪的鱗爪。此二十二幅的題字，大半是蔡哲夫一人的筆跡，有幾處不免被他把曼殊的原題來改竄。現在把文學因緣內九幅的題字，抄錄于下，以資印証：

（1）海天空闊九皋深，飛下松陰聽鼓琴。明日飄然又何處，白雲與爾共無心。（此幅即畫集的第七幅。）

（2）丙午，贈別鉢邏罕歸印度。（此幅即畫集的第十七幅。）

（3）丙午初秋，須磨海岸送水野氏南歸。（此幅即畫集的第二十二幅。）

（4）癸卯，入吳門。道中聞笛，陰深淒楚，畫示諸同學。（此幅即畫集的第十九幅。曼殊此時在吳中公學担任教授，所以有「畫示諸同學」之語。畫集變爲「因製此圖」，大概哲夫嫌他原句不古雅而改竄的。但事實上的眞意義，却不免被他抹殺了。）

（5）昔人出山海關詩，有「馬後桃花馬前雪，教人那得不回頭」句。然稍陷柔弱。嗣同仁者潼關詩云：「終古高雲簇此城，秋風吹散馬蹄聲。河流大野猶嫌束，山入潼關不解平。」余常誦之。今奉慈母遂居村舍，殘冬短晷，朔風號林。吾姊馥本榮子屬畫，泚筆成此。（此幅畫集未收。）

（6）癸卯，參拜衡山，登祝融峰，俯視湘流明滅。昔黃龍大師登峨嵋絕頂，仰天長歎曰：「身到此間，無可言說，惟有放聲慟哭，足以酬之耳。」今衲亦作如是觀。入夜，宿雨華菴，老僧索畫，忽憶天然和尚詩云：「悵望湖州未敢歸，故園楊柳欲依依。忽看國破先離俗，但道親存便返扉。萬里飄蓬雙布履，十年回首一僧衣。悲歡話盡寒山在，殘雪孤峰望晚暉。」即寫此贈之。（此幅即畫集的第九幅。「參拜衡山」，畫集改爲「入衡山」了。）

（7）甲辰，由暹邏之錫蘭，見崦嵫落日；因憶法顯，玄奘諸公，跋涉艱險，以臨斯士，而遊跡所經，均成往迹。余以攣身情網，殊悔蹉跎，今將西入印度。佩珊，與余最親愛者也，屬余作圖。適劉三贈余詩云：「早歲耽禪見性真，江山故宅獨愴神。擔經忽作圖南計，白馬投荒第二人。」因畫此留別。嗚呼！異日同赴靈山會耳！（此幅即畫集的第二十一幅。「因畫此留別」句，畫集刪去。「嗚呼」改作「噫」。）

(8)乙巳，泛舟西湖，寄懷仲子。(此幅即畫集的第四幅。「泛舟西湖」，畫集改作「拏舟金牛湖」。「寄懷」改作「寄似」。)

(9)晦聞居士客余於藏書樓，寒風蕭瑟，落葉打肩。居士命畫，作此質之。居士得毋有「夕陽無限好」之感耶？(此幅畫集未收。)

此外尚有天義報上的八幅，幷將題字抄錄如下：

(1)「聞道孤山遠，孤山却在斯。萬方多難日，一塢獨棲時。世遠心無碍，雲馳意未移。歸途指鄧尉，且喜夕陽遲。」孤山非自，鄧尉非他；徧此法界，達摩羯邏。曼殊。(此幅發表在天義第二卷上。畫集未收。題字寫在畫幅的上面，似是章太炎的筆跡。這一首五律詩，是明末烈士楊維斗先生的作品。畫幅的下面，用鉛字排印「近時名畫，粵東新會慧龍寺曼殊比丘筆」十六字。）

（2）秋思圖。（此幅發表在天義第三卷上。畫集未收。「秋思圖」三字，用鉛字排印在畫幅的下面。在目錄中間，印着「名畫之二，鄧太妙秋思圖，曼殊筆」十三字。鄧太妙是一個明季的女子，在文學界很有名氣的。）

（3）波羅罕居士西歸梵土，因作江干蕭寺圖一幅贈別。佛滅度後二千三百八十四年，曼殊。（此幅發表在天義第四卷上。即畫集的第十七幅，亦即文學因緣的第二幅。題字寫在畫幅的上面，也似章大炎的筆跡。下面用鉛字排印英文 Landscape, by Rev. Mandjn 四字。在目錄中間，印着「名畫之四，江干蕭寺，曼殊筆」十一字。——「名畫之三」，是「同盟罷工，海哥美爾筆。」也在第四卷上，有曼殊的題贊。）

（4）「始夜楓林初下葉，清秋弦月欲生華。涼凝露草流螢緩，雲斷西峰大火斜。藏壑餘生驚逝水，迷津天上惘星槎。興亡聚散經心地，高柳蕭森隱荻花。」曼殊寫王船山詩意。（此幅發表在天義第五卷上。畫集未收。題字寫在畫幅的上面，似是劉申叔的筆跡。因印得不甚清楚，在旁邊另用鉛字排印成兩行，字句完全一樣。在目錄中間，印着「名畫之五，清秋弦月，曼殊筆一十一字。）

（5）乙巳，羈秣陵，偕季平登鷄鳴寺，觀臺城後湖，百感交集，畫示季平。（此幅發表在天義第十六，十七，十八，十九，四冊合刊上。卽畫集的第十三幅。題字是用鉛印的。畫集把「羈秣陵」三字删去，尙無多大關係。又把「乙巳」改做「癸卯」，大概是蔡哲夫弄錯的了。）

（6）懷寧鄧繩侯先生栽孫，爲石如老人之曾孫，於其鄉奔走敎育。余今夏至皖江，就申叔之招，始識先生，與共晨夕者彌月。後余離皖之滬，月餘，申叔亦來，出先生贈余一絕云：「寥落枯禪一紙書，欹斜淡墨渺愁予。酒家三日秦淮景，何處滄波問曼殊？」今別先生，不覺半載，積愫累欷，云胡不感？畫此奉寄。丙午，曼殊記。（此幅發表在天義第十六，十七，十八，十九，四册合刊上。即畫集的第十幅。題字用鉛字排印。畫集的題字，與此不同處甚多。如「於其鄉奔走教育」句，改做「究心經學，不求聞達。」大概又是蔡哲夫古雅主義的表現了。）

（7）鉢邏罕居士西歸梵土，余嘗作江干蕭寺圖贈別。距今半載，刹那間耳。扶病作此，以寄知音。（此幅發表在天義第十六，十七，十八，十九，四册合刊上。即畫集的第十一幅。題字用鉛字排印。畫集的題字，也有改竄處。）

（8）「誰知臥處徘徊，謝庭風景都非舊。畫堂塵掩，蓬生三徑，門垂疏柳。白晝初長，淸風自至，流年空又。看多情燕子，飛來還去，眞個不堪回首。　昔日嬌隨阿母，學拈針臨窗挑繡。斜陽樓外，熨殘銅斗，線紋舒縐。蠶欲三眠，鶯還百囀，落花時候。問重來應否銷魂，試聽江城笳奏。」右錄明末女子素嘉水龍吟一闋。綠慘紅愁，一字一淚。嗚呼！西風故國，祇幾握管而不能下矣。（此幅發表在天義第十六，十七，十八，十九，四冊合刋上。即畫集的第十二幅。題字用鉛字排印。畫集的題字，把「綠慘紅愁」起五句，完全删去。「素嘉」上又删去「錄明末女子」五字。不知何故？素嘉姓沈，吳江人，明末烈士沈君晦先生的女兒。）

以上文學因緣畫九幅，畫集未收的有兩幅；天義畫八幅，畫集未收的有三幅。和畫集的二十二幅合併計算，曼殊的畫已經印行的，共有二十七幅了。（眞光畫報的一幅複出，不另算。）此外，半月雜誌上有六幅：一幅題名「松下」，在第三卷第九號，就是畫集的第二幅；一幅題名「駿馬名僧」，在第三卷第十號，就是畫集的第二十一幅；一幅題名「危崖」，在第三卷第十三號，就是畫集的第九幅；一幅題名「風柳圖」，在第三卷第十四號，就是畫集的第十八幅；一幅題名「拏舟金牛湖」，在第三卷第二十號，就是畫集的第四幅；一幅題名「疎柳孤僧」，在第四卷第五號，就是畫的第二十幅。紫蘭花片第十四集上也有一幅，題名「聽鵑」，就是畫集的第五幅。還有，據黃豈凡來信說，在天荒誌上也有曼殊的畫數幅。但此誌他已失去，我在別處又找不到，就無從論列了。

曼殊沒有印行的畫，據我們所知道的，有以下各幅：

（1）靈山振衲圖。（據天義第五卷所登曼殊母親河合氏所做的曼殊畫譜序，有此名目，現在不知在何處。）

（2）靜女調箏圖。（據曼殊寫在調箏人百助眉史小影片上的題語，有此名目，應該在百助處。——此小影片發表在一九一六年三月上海文明書局出版的小說大觀第五集上。又見于一九二四年五月上海大東書局出版的半月雜誌第三卷第十六號娼妓問題號。）

（3）金粉江山圖。（據曼殊詩題：「調箏人將行，屬續金粉江山圖。」也應該在百助處。）

（4）風絮美人圖。（據燕子龕隨筆，應在黃晦聞處。）

（5）白門秋柳圖。（據河合氏曼殊畫譜序引劉三贈曼殊詩，應在劉三處。）

（6）文姬圖。（據燕子龕隨筆，應在劉三處。）

（7）黃葉樓圖。（曼殊爲劉三作，應在劉三處。——據劍三贈曼殊詩，有「懷人紅絆影」句，自注：「東海女詩人，曼殊臨別，以其攝影贈余。」紅絆不知是誰？大概和曼殊總有關係的。希望劉三能將此攝影發表。又一九一二年我在上海太平洋報館時，曼殊曾交來日本女子的照片一枚，題曰「東海女詩人」，屬在報上製銅版登載，登載後曼殊仍將原片收還。當時曾問曼殊此女詩人爲何人，曼殊不肯說。未知即是紅絆否？報上所登銅版極糢糊，不能翻印，甚爲可惜。附記于此。）

（8）寒山圖。（據燕子龕隨筆，現不知在何處。）

（9）劍門圖。（據燕子龕隨筆，說是「被香客竊去」了。）

（10）崖山奇石壁圖。（據燕子龕隨筆現不知在何處。）

（11）分提弔夢圖。（爲葉楚傖作，應在楚傖處。）

（12）飲馬荒城圖。（據曼殊答蕭公書，爲趙伯先作，屬蕭公焚化于伯先墓前。）

(13)絕域從軍圖。(據燕子龕隨筆，爲趙伯先作，倩劉三題定庵「絕域從軍」一絕句於上，現不知在何處。)

(14)終古高雲圖。(爲趙伯先作，其題云：「終古高雲簇此城，西風吹散馬蹄聲。河流大野猶嫌束，山入潼關不解平。百先屬曼殊。」據狄君武言，伯先死後，此圖爲其中表唐鞅林所藏。鞅林以影本送君武，君武又翻印一版送我，在一九一七年三月十七日。君武說此圖即飲馬荒城圖，我起初也以爲是的，但後來一想，和曼殊答蕭公書顯相冲突了。我以爲此圖是曼殊送伯先的另一幅圖，並不是焚化在墓前的飲馬荒城圖。原圖無名，我因爲牠上面有「終古高雲」一絕，所以就杜撰了這個圖名，以便引述。還有，前面的絕域從軍圖的名目，也是我杜撰出來的。「終古高雲」一絕，是譚嗣同莽蒼蒼齋詩集內的作品，在文學因緣第五幅內也曾引過。但此畫的內容，却和文學因緣不同。）

(15)沈太侔處的立軸。（據費公直說。）

(16)蕭紉秋處的手卷。（據葛克信述其友楊右銘說。）

(17)楊庶堪處的畫。（同上。）

(18)祝心淵處的畫。（據陳去病說。）

(19)湯國頓處的畫。（據曼殊詩題：「以詩並畫，留別湯國頓。」湯君的名字很生，不知他是什麼地方人？現在哪裏？）

(20)杭州漪園的畫。(據傅熊湘燕子龕遺詩跋。)

(21)廣州大榕寺的畫。(據馮印雪燕子龕詩序。)

曼殊的畫，據我所知道的，大概盡在於此了。我所不知道的，當然還很多。在一九一二年六月二十三日的太平洋報文藝消息上，有一段「蘇曼殊君東渡」的標題。裏面說：「曼殊於前日東渡省母，臨行，畫紈扇十餘柄，分贈朋儕，留作紀念。曼殊之畫，高寡淡秀，不似食人間煙火者。顧平生頗矜重，不輕爲人作，宜得之者珍重視之也。」這十餘柄紈扇中間，我處現有一柄，已裱成立軸，是有「佩宜大家」的上款的。其餘的十餘柄，大概都分散在各處，不知各人都能保存着否？據鄭桐蓀說，曼殊在安慶時曾畫有小幅四五張；在盛澤鄭君的家裏也畫有扇面數頁。現在鄭君遠遊英國，這數頁扇面一時又無法可找了。葛克信在他的落葉哀蟬上說：「我希望一般愛曼殊的人，將他的作品整理出來，印行一部全集。我更希望曼殊的朋友，將所藏曼殊的詩，畫，書札等拿出來公之於世。」上一件事情，我們已在着手進行；下一件事情，我要請求曼殊的朋友大家肯給我們以儘力的帮助。就畫論畫，我們預備出版一本擴大的蘇曼殊畫集，希望大家能够把畫稿借給我們，或者是印了照片寄來。

蘇曼殊斷鴻零雁記之研究

柳亞子

楊鴻烈君說斷鴻零雁記是蘇曼殊的自傳，這句話我是贊成的。不過我以爲小說體的自傳，是非正式的自傳，終和正式的自傳有別。因爲小說體的自傳，像紅樓夢之傳曹雪芹，儒林外史之傳吳敬梓，雖然言論丰采，都奕奕有生氣；而在事實方面，却只有一部分可以徵信，其餘總不免是加上去的油鹽醬醋罷了。尤其是年月問題，在小說方面，更加無從取証。所以我雖然相信斷鴻零雁記是曼殊非正式的自傳，但和他正式的自傳就是化名日本僧人飛錫所做的潮音跋一對照時，覺得矛盾處很多，而在兩文矛盾的中間，我却不能不承認潮音跋而捨棄斷鴻了。（除了曼殊母親河合氏到廣東一節是例外。）

斷鴻的叙事中最有歷史價值的，我以爲有兩節。第一節是叙述曼殊的身世。曼殊的乳媪對曼殊說：『嘗聞之夫人（曼殊母親），爾呱呱墜地無幾月，即生父見背。爾父宗郎，舊爲江戶名族，平生肝膽照人，爲里黨所推。』這一段証明曼殊的父親是日本人，和潮音跋所謂『始名宗之助，自幼失怙，多病寡言，依太夫人生長江戶。』足以互相印證。是在曼殊的身世問題中，極有關係的。第二節是講河合氏同曼殊到廣東的事情，也是在曼殊的乳媪口中說出。她說：『後此夫人綜覽季世，漸入澆漓，思携爾託根上國，故掣爾身於父執爲誼子，使爾離絕島民根性，冀爾長進爲人中龍也。明知茲事有干國律，然慈母愛子之心，無所不至，乃親自抱爾來遊吾國，僑居三年。忽一日，夫人詔我曰：「吾東歸矣，爾其珍重。」復次，指三郎凄聲含淚曰：「是兒生也不辰，媼其善視之，吾必不忘爾賜。」語已，手書地址付余，囑勿遺失，故吾今尙珍藏舊筒之中。』這一段所講河合氏攜曼殊來到中國的理由，我們倘然相信了章太炎在曼殊遺畫弁言中所說曼殊的假父『娶日本女而得子穀』的話，當然不能認牠爲眞實；但比之潮音跋『五歲別太夫人，隨遠親西行支那，經商南海』一段鬼話，却高明得多了。（潮音跋所以要如此講法，是爲避免河合氏再嫁的嫌疑起見，可參觀我所做的對於飛錫潮音跋的意見一文。）還有，河合氏歸日本，在曼殊假父未死以前。其證據也在乳媼對曼殊所講：『先是夫人行後，彼家人雖遇我惡薄，我但忍受之，蓋吾感夫人恩德，良不忍離三郎而去。逮爾父執去世之時，吾中心戚戚，方謂三郎孤寒無依，欲馳書白夫人，使爾東歸，離彼猖獠。』又足以矯正章太炎『父死母歸日本』的謬誤。所以在曼殊做和尙前的歷史，我是完全承認斷鴻零雁記的。（不過斷鴻沒有說到曼殊到廣東的年齡，我以爲應該根據潮音跋，定爲五歲。）

以下可就有問題了。斷鴻對於曼殊年歲，始終沒有明文講起；不過在第八章河合氏把她的養女介紹給曼殊相見時，却說道：『此爲吾養女，今年十一，少爾五歲，即爾女弟也。』由此可以推見曼殊還到日本的年歲，在斷鴻上是十六歲了。再推上去，曼殊出家，應在還到日本的上一年。因爲在第五章上講，曼殊爲未婚妻雪梅的緣故，至廣州常秀寺投贊初長老出家，後此數月，即在古剎中憶念生母。所謂古剎者，就是第一章的海雲古剎；是時已入冬令，曼殊居此三旬，即爲三戒俱足之日；受戒以後，駐荒村靜室，經行侍師，因下鄉化米，爲强者所刦，失道遇乳媼子潮兒，導見乳媼，遂留其家。是年當在乳媼家中過年。明年清明前二日，因賣花爲雪梅所見，遣侍兒贈金促歸日本。清明後四日別乳媼母子。又二日至廣州，思詣師面別，而常秀寺已爲新學暴徒毀爲墟市，法器無存，料其師必已歸靜室。即日午後易舟赴香江，翌晨登岸，至羅弼牧師家。後此四日啓舷東渡，船行可五晝夜，翌晨舟抵橫濱，至相州逗子櫻山村八番寧家。歸家後第三日，赴小原田掃墓，密雪紛飛。（此雪當是春雪。）下山後赴箱根謁姨母，始和姊靜子見面。是夜病作，四晝夜始臻勿藥，時已三月三日了。（當是舊歷，日本鄉村尚沿用舊歷，曼殊本人也是常用舊歷的。）照上面的情形總結起來，出家在上一年，還到日本在下一年；下一年既然是十六歲，上一年便是十五歲了。我們再把潮音跋來對照時，長壽寺就是常秀寺，海雲寺就是海雲古刹，是不生問題的。斷鴻的駐荒村靜室時，相當於潮音跋之『任知藏於南樓古刹』。潮音跋沒有化米遇刦，和潮兒乳媼雪梅種種情節，只說『亡何以師命歸廣州，時長壽寺被新學暴徒毀爲墟市，法器無存，闍黎乘歐舶渡日本，奉太夫人居神奈川。』此種小小異同，自然也無關重要。最矛盾的，照斷鴻推算，出家在十五歲，而潮音跋却是十二歲。幷且據潮音跋所說，還到日本以後，學泰西美術於上野二年，學政治於早稻田三年，學陸軍八閱月，之扶南隨喬悉磨長老究心梵章二年，歸入西湖靈隱山，著梵文典八卷，然後駐錫滬上，爲國民日日報繙譯。我們曉得國民日日報是一九〇三年八月出版，當年十二月就被封閉的；曼殊的小說和雜文，正在十月至十二月間的報上發表着（上面所講的是陽曆。）我們又曉得曼殊是在一九一八年去世的，他的年齡照中國習慣算法是三十五歲；推上去到一九〇三年，恰恰是二十歲。照潮音跋上所說的年歲來計算：十二歲出家，十三歲還到日本，就去學美術，十五歲改學政治，到十七歲再改學陸軍，十八歲到扶南學梵文，二十歲入靈隱山著梵文典，是年下半年到上海，入國民日日報館，恰恰正好。倘然照斷鴻的年歲來計算，十五歲出家，十六歲還到日本，過四個年頭就是二十歲；那末學美術二年，學政治三年，學陸軍八閱月，學梵文二年的歲月，又將如何歸納呢；就可以證明潮音跋的正確，而斷鴻的虛僞了。

再看以下的事情：曼殊在姨母家中，從三月住起，直住到清秋垂盡。河合氏挈曼殊返逗子櫻山，姨母亦攜靜子偕行。此後靜子和曼殊盤桓數月，已屆冬深，情愫愈篤。而曼殊終以『余實三戒俱足之僧，永不容與女子共住』爲理由，决然脫逃情網，捨棄家庭，到西湖上掛單去了。曼殊離日本時，當在十六歲的年底。後來在杭州作中元法事，遇着嶺南麥氏兄妹，知道雪梅的死耗，此時應是十七歲了。由杭州返粵，因襟間銀票，均已不翼而飛，遂和湘僧法忍行脚同歸，沿途託鉢，逾歲始抵橫蒲關。應是十八歲。及到始興縣，已是涼秋九月，遇潮兒於懷庵古蘭若，知乳媼已亡。又七晝夜抵黃葉村，訪雪梅墓不得，爲侍兒所辱詈，斥其負心。『踏遍北邙三十里，不知何處葬卿卿？』此書也就此完結了。（據太平洋報所載，應尚有下卷，但世無傳本。）

我們現在把書中所叙事實，緯以年歲，列表如下：

隨河合氏到廣東（五歲）——（一八八八年）

河合氏居三年東歸（八歲）——（一八九一年）

披鬀於廣州常秀寺　受戒於海雲古剎（十五歲）——（一八九八

年）

還日本省母始識靜子　由日本至杭州（十六歲）——（一八九九年）

中元在杭州作法事　行脚返粵（十七歲）——（一九〇〇年）

抵黃葉村訪雪梅墓不得（十八歲）——（一九〇一年）

但是把我所做的潮音跋紀年表來對照一下，那末一八九八年至一九〇〇年曼殊正在早稻田學政治，一九〇一年又正在扶南學梵文，難道他會有分身法嗎？於是乎我尊重正式的自傳潮音跋，不得不犧牲非正式的自傳斷鴻零雁記的主張，更加得着一重保障了。

至於雪梅與靜子兩個人和曼殊的關係，我以爲都是實在的；不過事實的程序上不必一定如此　照章太炎說：『子穀少時，父爲聘女，及壯貧甚，衣裳物色在僧俗間，所聘女亦與絕。』旣云『衣裳物色在僧俗間』，當然在出家以後；則是因出家而悔婚，不是因悔婚而出家。兩說矛盾，未知孰是？但以年齡而論，十二歲的孩子，未必就會步賈寶玉的後塵，也許太炎所說是眞相；而雪梅贈金促歸一節，照年齡計算起來，也恐非事實了。不過雪梅長大起來，也許因此侘傺而死，那在情理上是可能的。靜子戀愛一段，也不像嚮壁虛造，但決不在曼殊初還日本時。因爲我是相信潮音跋上的年歲的，倘然十三歲的小孩子就會講戀愛，那太奇跡了。所以曼殊十六歲還到日本不可信，而十六歲和靜子發生戀愛關係却也許是事實。我想曼殊所以要把出家和還到日本的年歲來改遲，也無非爲便於描寫雪梅靜子的兩段戀史罷了。（或者有人要說，十三歲孩子，當然不會講戀愛；但能够一個人從廣東走到日本嗎？我以爲不成問題，因爲路上也許可以有他人作伴的。）

還有一個問題，就是河合究竟是曼殊的父姓，還是母姓？據此書第四章雪梅侍兒問曼殊：『若非河合其姓，三郎其名者耶？』又第八章曼殊寧家時問厨娘：『是郎河合夫人居乎？』河合應該是曼殊的父姓。但潮音跋稱『太夫人河合氏』，而天義報登她的曼殊畫譜序，也自署『河合氏』，則河合又的確是曼殊的母姓了。或者要疑心日本婦女的慣例，出嫁以後是喪失本姓的，那曼殊的母親就不應該稱河合夫人，尤其是曼殊不應該冒母姓而有河合三郎之稱。不過我以爲曼殊母子倆，是處在特別地位的。在曼殊母親改嫁蘇某時，當然和前夫家族脫離關係，後來到廣東還國，也不會再到前夫的家裏去住。所以第八章所謂『相州逗子櫻山村八番』的住址，一定是她獨立經營的小家庭。（家庭生活費的來源，當然是在還國時蘇某給她的。章太炎曼殊遺畫弁言中所說『分貲與其母』，可以證明。）此時她既不能再用前夫的姓，又因爲在日本的緣故，不便去姓蘇，當然只好還復她自己的本姓河合了。這是一件事實。至於曼殊冒母姓稱河合三郎，我以爲只是本書上的假託。求其所以要如此假託的緣故，大概因爲他和生父的家族已經脫離關係，不能再用父姓。那末既然不姓蘇，只好去姓河合。而眞眞的父姓，到現在反而無法知道了。

關於靜子的事情，我還有一點意見：就是我最近看到熊潤桐君蘇曼殊及其燕子龕詩一文，是登載在革新雜誌第一卷第五期上的。在第四章裏面，把曼殊爲調箏人而作的本事詩十首，和本書所紀靜子的情史來相參較，很容易使人發生調箏人就是靜子的誤會。雖然也許熊君的本意並不如此。據我平日所知道，調箏人和靜子確是兩人。調箏人姓百助，是日本的一個妓女。她的相片，在小說大觀第五集及半月雜誌第三卷第十六號娼妓問題專號上都登載過。（葛克信君落葉哀蟬講半月上有曼殊愛人靜子的照片，我疑心他也把百助當作靜子了。）那相片是曼殊送給包天笑的，在上面有一段題跋，幷一詩一詞，詞是倪雲林做的柳梢靑，而詩就是本事詩十首之一。曼殊在題跋裏面說：『余嘗作靜女調箏圖，爲題二十八字，并錄雲林高士柳梢青一闋，以博百助眉史一粲。』（燕子龕殘稿眉史作女史，是弄錯的。按女史是婦女的通稱，而眉史却是妓女的專稱。）在這一張相片和題跋上，足以證明調箏人就是百助，而百助又是一個妓女，顯然不會就是靜子了。還有，在本事詩十首裏面，第二首『生身阿母無情甚，爲向摩耶問夙緣。』第四首『鎮日歡場忙不了，萬家歌舞一閒身。』第八首『碧玉莫愁身世賤，同鄉仙子獨銷魂。』（本事詩次序照南社集，馮秋雪所輯燕子龕詩同。和燕子龕殘稿兩樣。）都足以証明調箏人確是一個妓女。我因爲避免誤會起見，所以在此地拖了這一條尾巴。

（南社集寄調箏人第一首即燕子龕殘稿的第二首，太平洋文藝集願無盡廬詩話作西京步楓子韻，據此似楓子就是百助的名字了。）

蘇曼殊絳紗記之考證

柳亞子

楊鴻烈在蘇曼殊傳裏講：『絳紗記是叙述他和他的明友薛瑛（夢珠）一些零碎的情史，地方大概不出廣州新加坡蘇州之間，但這兩個主人翁誰是曼殊，就分別不出了。』我以爲書中的曇鸞和夢珠，都是曼殊一個人的化身。陳獨秀先生在序文中說得好：『曇鸞與其友夢珠行事絕相類，莊周夢蝴蝶，蝴蝶化莊周，予亦不暇別其名實。』那明明說曇鸞夢珠，是一而二了。花月痕的作者魏子安，在書中化身做韋痴珠韓荷生兩人，痴珠和秋痕的悲劇，荷生和釆秋的喜劇，恰恰是一個對照，所謂正面反面的寫法。紅樓夢中的賈寶玉甄寶玉，我疑心也是曹雪芹自己正反兩方面的化身。本書中曇鸞和夢珠，雖然同是悲劇的搬演者，但『曇鸞存而五姑歿，夢珠歿而秋雲存』（獨秀序文語），也恰恰是一個正反面的對照了。所以書中的曇鸞和夢珠，都在影射着曼殊自己，是毫無疑義的。近人有誤會的傳說，說曇鸞並不是曼殊，只是曼殊的友人，所以絳紗記並非曼殊所做；這實在是絕大的錯誤。他們只知道夢珠是曼殊的諧聲，而沒有明白獨秀先生『莊周夢蝴蝶，蝴蝶化莊周』兩語的意氣，實在是被作者瞞過，總算上了曼殊一個大當了。

夢珠影射曼殊，在文字上是很明顯的。薛夢珠和蘇曼殊，都只是一音之轉罷了。夢珠名瑛，正影射曼殊的名玄瑛；而且曼殊與友人書札，有時也只署一個瑛字。慧龍寺是曼殊本師贊初長老出身的所在，所以曼殊自稱慧龍寺僧（見梵文典自序）。印度，暹羅，耶婆堤，都是曼殊巡錫的地方；不過沒有聽見他到過緬甸，而黑齒國只在鏡花緣上見過，大概是寫上湊熱鬧的。陽文愛就是楊仁山，程散原就是陳散原（伯嚴），秪洹精舍就是祇垣精舍；曼殊做英文教授，據拜輪詩選自序是在一九〇五年的事情。居蘇州滾繡坊，是一九一三年。曼殊和鄭桐蓀很要好；桐蓀是江蘇吳江盛澤人。曼殊兩次到盛澤（一九一二年冬——一九一三年夏）都住在桐蓀家裏；而滾繡坊却是桐蓀老兄詠春的寓所，在蘇州烏鵲橋相近，曼殊在那裏住過一個著期。亞東本絳紗記第三三頁：『余流轉乞食，兩閱月，至蘇州城。一日行經烏鵲橋，細雨濛濛，沾余衣袂。余立酒樓下，聞酒販言，有廣東人流落可嘆者，依鄭氏處舘度日，其人類有瘋病，能食酥糖三十包，亦奇事也。』這就是曼殊在蘇州的一段故事了。（以前，曼殊也曾住過蘇州，任吳中公學教授，在一九〇三年。）教習安徽高等學堂，是一九一二年冬天至一九一三年春天事，正和鄭桐蓀同校；那時陳獨秀先生也在此校當教務長。在湖南岳麓山，是一九〇三年事；燕子龕殘稿畫跋，所謂『癸卯參拜衡山，登祝融峰，俯視湘流明滅』者是也。鄧尉聖恩寺，是曼殊所常常提起的地方，只不曉得他是哪一年去過罷了。曼殊在香港讀過兩年英文（據斷鴻零雁記），他的先生是西班牙人，姓羅弼，名莊湘。書中說雲鸞在香港皇娘書院與夢珠同習英文，也許皇娘書院就是曼殊的母校，而莊湘就是該校的教習。但香港究竟有否皇娘書院，我却不知道，只是猜想罷了。

秋雲是曼殊理想中的戀人，書中叙述戀愛的關係，却和斷鴻零雁記中的靜子，有些相像。斷鴻叙靜子傾心於三郎，而三郎怕被情網所罥，終於避地以謝之，況其所贈鳳文羅簡之屬於海中。其理由是：『余實三戒俱足之僧，永不容與女子共住者也。』本書叙秋雲第一次和夢珠相見，秋雲『意甚戀戀』，而夢珠『不顧』；秋雲解瓊琚佩玉來贈他，却被他『入市貨之』。其後雲鸞在蘇州尋到夢珠，對他『重述秋雲家散，至星家坡苦尋夢珠及遇難各節』，而夢珠復言『吾今學了生死大事，安能復戀戀』。學佛和戀愛，正是曼殊一生胸中交戰的冰炭。寫三郎對付靜子如此，寫夢珠對付秋雲又如此。無怪他的本事詩十章內，要說『還卿一鉢無情淚，恨不相逢未鬀時』了。

雲鸞也是曼殊的化身，麥五姑我疑心是影射雪梅。舅父趙翁，或者在影射曼殊嚐假父蘇某。據陳去病說，蘇某是做茶葉生意的，而書中述趙翁『販茶爲業』，也是一個小小証據了。五姑的父親麥翁，在影射雪梅的父親，就是斷鴻零雁記中的另一『父執』。雪梅父因三郎假父身死而悔婚，五姑父因雲鸞舅父產破而悔婚，正是同一機軸。雪梅爲三郎腸斷，終至『玉葬香埋』，五姑以乾血症『長歸天國』，結局同一悲慘，可見五姑是影射雪梅無疑了。斷鴻零雁記敘靜子和雪梅兩段情史，我疑心都是事實。曼殊在此書中以秋雲影射靜子，五姑影射雪梅，眞是所謂舊夢重溫了。

還有一個西班牙女子碧伽，也是和曼殊頗有關係的人。碧伽的父親是莊湘老博士，而莊湘老博士實際上就是曼殊的英文教師。（我在上面說過，也許就是香港皇娘書院的教員。）莊湘有女兒雪鴻，頗曾屬意於曼殊。飛錫潮音跋：『嘗從西班牙莊湘處士治歐洲詞學，莊公欲以第五女公子雪鴻妻之。闍黎（曼殊）垂淚曰：「吾証法身久，辱命奈何？」莊公爲整資裝，遂之扶南』。下面又說曼殊『又將燕子箋譯爲英文，甫脫稿，雪鴻大家攜之瑪德利，謀刋行於歐土』。還有，曼殊題拜輪詩集小序：『西班牙雪鴻女詩人，過存病榻，親持玉照一幅，拜輪遺集一卷，曼陀羅花與含羞草一束見貽，且殷殷勗以歸計。嗟失，予早歲披鬀，學道無成，思維身世，有難言之恫；爰扶病書二十八字於拜輪卷首，此意唯雪鴻大家心知之耳。』可見雪鴻對於曼殊的交誼了。斷鴻零雁記第六章也說三郎曾到西班牙羅弼牧師治歐文二載，當三郎從香港東渡，別牧師夫婦時，『其女公子曳蔚藍文裾以出，頗有愁容，至余前，殷殷握余手，親持紫羅蘭花及含羞草一束，英文書籍數種見貽。』在第十一章和第十九章中，都曾提及羅弼女士；而在第十九章中，靜子還和她吃了一次乾醋。我以爲羅弼牧師就是莊湘，羅弼是姓，莊湘是名，兩處都說是西班牙瑪德利人，恰恰相合。（潮音跋有『攜之瑪德利』語。斷鴻十九章：『彼馬德利產，其父即吾恩師也。』又曼殊有答瑪德利莊湘處士書，見燕子龕殘稿。）而雪鴻大家，當然就是羅弼女士了。本書的碧伽，我疑心就是雪鴻。碧伽或者別號；也許是曼殊送給她的，和賈寶玉替林妹妹題別號一樣。燕子龕殘稿曼殊與某君書：『碧迦君相見否？久不寄箋，懼增伊鬱耳。』可見碧伽確有其人了。

書中還有一個玉鸞，不知是誰？燕子龕殘稿有為玉鸞女弟繪扇詩一首，民國雜誌沒有『女弟』兩字，大概也是曼殊的女朋友了。書中說她是香山人，姓馬氏，不知是眞是假？

曇諦法師別見碎簪記，和法忍禪師都是曼殊西湖的遊侶。鄺常肅就是康長素（有為）。顧鴻文就是辜鴻銘。

絳紗記中可以考証的人名，大概盡在於此了。下面還有幾句附帶的話，是徐沈玉君告訴我的。他新近在寂寞程生所做的西冷異簡記中，發現了曼殊的一首佚詩。詩的原文是：『芳草天涯人似夢，碧桃花下月如煙。可憐羅帶秋光薄，珍重蕭郎解玉鈿。』此詩在異簡記第十一章內，說是夢珠上人所作。我們既證明夢珠是曼殊，此詩為曼殊所做也可無疑的了。書中還有其他幾段，提及夢珠的：『夢珠上人絕句，婉麗清怨，始不亞飛卿。』『彼斯時浮身何地耶？……聞尚在東京。』『余前於某雜誌讀彼小說兩篇，奇情幻筆……』。徐君以為都和曼殊身分吻合；而所謂某雜誌的兩篇小說，就是登在甲寅雜誌的絳紗記和焚劍記。我也以為徐君的推測頗足徵信。寂寞程生不知是誰？西冷異簡記初見甲寅雜誌，後來又和絳紗焚劍同列亞東圖書館出版的名家小說內。我因在意外發現了曼殊的一首詩，而又和夢珠的考証有關係，所以附帶着在此發表了。

日本僧飛錫潮音跋及其考証

柳無忌

(一)潮音跋的原文

曼殊闍黎，始名宗之助，自幼失怙，多病寡言，依太夫人河合氏生長江戶。四歲，伏地繢師子頻伸，狀栩栩欲活。喜效奈良時裹頭法師裝。一日，有相士過門，見之，撫其肉髻，歎曰：『是兒高抗，當逃禪，否則非壽徵也。』五歲，別太夫人，隨遠親西行支那，經商南海，易名蘇三郎，又號子谷。始學粵語。稍長，不事生產，奢豪愛客，肝膽照人；而遭逢身世，有難言之恫。年十二，從慧龍寺主持贊初大師，披鬀於廣州長壽寺，法名博經，由是經行侍師惟謹，威儀嚴肅，器鉢無聲。旋入博羅，坐關三月，詣雷峯海雲寺，具足三壇大戒。嗣受曹洞衣鉢，任知藏於南樓古剎，四山長老極器重之，咸歎曰：『如大德者，復何人也！』亡何，以師命歸廣州。時長壽寺被新學暴徒毀爲墟市，法器無存。闍黎乘歐舶渡日本，奉太夫人居神奈川。太夫人令學泰西美術於上野二年，學政治於早稻田三年，一無所成。清使汪大燮以使館公費助之學陸軍八閱月，卒不屑。從此孑身遨遊，足跡遍亞洲。以是羸疾幾殆。太夫人憂之，藥師屢勸靜養；而闍黎馬背郎當，經鉢飄零如故。嘗從西班牙莊湘處士，治歐洲詞學。莊公欲以第五女公子雪鴻妻之。闍黎垂淚曰：『吾證法身久，辱命奈何？』莊公爲整資裝，遂之扶南，隨喬悉磨長老究心梵章二年。歸入靈隱山，著梵文典八卷，蓋倣波彌尼八部書。餘杭章枚叔，儀徵劉申叔，及印度波邏罕學士，序而行之。闍黎繪事精妙奇特，太息苦瓜和尚去後，衣鉢塵土，自創新宗，不傍前人門戶。零縑斷楮，非食煙火人所能及。顧不肯多作，中國名士不知之也。初駐錫滬上，爲國民日日報繙譯。後赴蘇州，任吳中公學義務教授。繼渡湘水，登衡岳，以吊三閭大夫。復先後應聘長沙實業學堂，蒙正學堂，明德學堂，經正學堂，安徽公學，蕪湖皖江中學，金陵陸軍小學，日本西京學社，淑德畫院，南海波羅寺，盤谷青年學會，錫蘭菩提寺，嗹班中華會舘諸處。振鈴執鞭，慈悲慷慨，詔諸生以勇猛奮迅，大雄無畏，澄清天下。故其弟子多奇節孤標之士。前歲池州楊仁山居士，接印度摩訶菩提會雲磨波羅書，欲遣靑年僧侶，西來漢土，學瑜伽禪那二宗；幷屬選諸山大德，巡禮五天，踵事譯述。居士遂偕詩人陳伯嚴，創辦祇垣精舍於建業城中，以爲根本。函招闍黎，幷招李曉暾爲敎師。居士自任講經，十方宗仰，極南北之盛。闍黎盡瘁三月，竟犯唾血東歸，隨太夫人居逗子櫻山。循陔之餘，惟好嘯傲山林。一時夜月照積雪，泛舟中禪寺湖，歌拜輪哀希臘之篇。歌已哭，哭復歌，抗音與湖水相應。舟子惶然，疑其爲精神病作也。後爲梵學會譯師，交遊婆羅門憂國之士。捐其所有舊藏梵本，與桂伯華，陳仲甫，章枚叔諸居士，議建梵文書藏，人無應者，卒未成。闍黎雜著亦多，如：沙昆多邏，文學因緣，嶺海幽光錄，娑邏海濱遯跡記，燕子龕隨筆，斷鴻零雁記，泰西羣芳名義集，法顯佛國記惠生使西域記地名今釋及旅程圖，俱絕作也。又將燕子箋譯爲英吉利文。甫脫稿，雪鴻大家攜之瑪德利，謀刊行於歐土。闍黎振錫南巡，流轉星霜，雖餐啖無禁。亦猶誌公之茹魚膾，六祖之在獵羣耳。余與闍黎爲遠親。猶念兒時偕闍黎隨其王父忠郎，弄艇投竿於溪岸海角，或肥馬輕裘與共。曾幾何時，其王父已悲夙草。彈指闍黎年二十有八。而余綜觀世態，萬緒悲涼。權洞上正宗監院之職，亦將十載。今夏安居松島，手寫闍黎舊著潮音一卷，將英譯陳元孝崖山題奇石壁，澹歸和尚贈吳梅村詩，杜牧秦淮夜泊，陸放翁細雨騎驢入劍門絕句，及漢譯師梨含羞草數章刪去。復次加拜輪年表於末，係英吉利詩人佛子爲闍黎參訂者。今與蓮華寺主重印流通，仍曰潮音。聖哉，響振千古！不啻馬鳴菩薩賴吒婆羅。當願恒河沙界，一切有情，同圓種智。會闍黎新自梵土歸來，詣其王父墓所，道過山齋，握手欷歔，淚隨聲下。爰出是篇，乞闍黎重證數言。闍黎曰：『余離絕語言文字久矣。當入鄧尉力行正照。吾子其毋饒舌。』闍黎心量廓然，而不可奪也。古德云：丈夫自有沖天氣，不向他人行處行。闍黎當之，端爲不愧。學人飛錫拜跋於金閣寺。

（二）潮音跋原稿似係曼殊親筆抄錄。

跋文的原稿，是用毛筆謄寫在潔白的西洋紙上。全文共三頁六面。第一面連題目共十二行：第一行「日本僧飛錫潮音跋」八字，頂格寫。第二行從第一格起，挖去五格，以下均空白。第三行起方是正文。第二面至第六面均九行。每行均二十四格。字體是正楷而參以篆隸筆意，秀媚挺拔，用古體字甚多，我認爲是曼殊的親筆。添註塗改有數處，都是謄寫後重新修改，並不是偶然的筆誤。最重要的，原文「易名三郎」句，於「三郎」上加一「蘇」字，「三郎」下加「又號子谷」四字。墨色比原文爲濃，字體亦稍異，顯然是後來重新加上去的。

（三）潮音跋與潮音相互証處；此文並未刋入潮音，僅見太平洋報。

在原版本潮音首頁，有「羯磨阿闍黎飛錫校錄，淀江蓮華寺主重刋流通」字樣，與此跋可互相對証。「阿闍黎」與「闍黎」同是和尚的名稱。「羯磨」據蕭炳實君講，與「阿闍黎」相連，應作為「教行為的教師」講。淀江是日本地名，即蒲田。（南社叢刻曼殊淀江道中口占詩，民國雜誌作蒲田道中；又過蒲田詩，民國雜誌作淀江口占。）潮音跋有「今與蓮華寺主重印流通」，和「淀江蓮華寺主重刋流通」，也正相吻合。可是跋文並沒有刋入潮音。大約在印潮音的時候，曼殊覺得有不能滿意處，把牠删去了。後來在上海太平洋日報發表過，載一九一二年六月九日至十三日。此時柳亞子担任太平洋文藝集編輯，與曼殊同在上海，稿子是由曼殊親手交他登載的。

（四）潮音跋的作者（？）……或是曼殊自己做的。

飛錫的名字，在別處沒有見過。此文彷彿叙述曼殊前半生行事，歷歷可數，倘是他人做的，恐不能如此詳細。幷且日本人有這樣好的漢文程度，現近也不容易尋得，尤其是一個不出名的和尙。又加以曼殊的好弄玄虛，他的朋輩大都知道。總結以上許多原因，我很疑心此文就是曼殊自己做的，而飛錫簡直是無是公烏有先生，雖然並沒有確實的証據。也許可以疑心飛錫實有其人，而此文却是曼殊冒他的名做的。但我覺得總不如爽性否認飛錫的直捷痛快。

（五）潮音跋的年月，一九一一年脫稿。

原版本潮音沒有出版年月，此跋也沒有年月。不過我處藏有原版本潮音一冊，是曼殊一九一一年冬天從南洋爪哇寄贈的，據此可以決定潮音是一九一一年出版，而潮音跋也在一九一一年脫稿的了。跋文有「彈指闍黎年二十有八」句。按曼殊歿於一九一八年，年三十有五；則在一九一一年，恰是二十八歲，也很符合。

（六）潮音跋中的曼殊身世，恰是自傳。

跋中所述曼殊事迹，除「五歲別太夫人」一語與斷鴻零雁記矛盾；而依我們向來的傳說，都知道曼殊的母親實在是到過廣東的，所以我主張寧信斷鴻而否認此跋。至於其他一切，我認爲都是事實，無甚虛僞的地方。這篇或者是曼殊的自傳，——斷鴻零雁記雖也是曼殊的自傳，但總究是小說。——他借着飛錫的語氣，把自己不能告人的身世，與以後的境遇，都一一敘出了。

（七）潮音跋的風格，與曼殊的文筆一致。跋文的風格，和曼殊自己作品的風格，完全一致，這也是我們假定此文為曼殊所作的一個很好證據。不但風格極似，并幾處字句亦相同，摘出如下：

（1）否則非壽徵也。

廣益本斷鴻零雁記第五三頁：「吾兩人如此，非壽徵也」。

亞東本焚劍記第六頁：「此女非壽徵也。」

（2）奢豪愛客，肝胆照人。

亞東本絳紗記第四三頁：「奢豪愛客。」

廣益本斷鴻零雁記第七頁：「生平肝胆照人。」

（3）而遭逢身世，有難言之恫。

廣益本斷鴻零雁記第五六頁：「遭世有難言之恫。」

大東本燕子龕殘稿第七頁：「思維身世，有難言之恫。」

（4）由是經行侍師惟謹，威儀嚴肅，器鉢無聲。

廣益本斷鴻零雁記第一頁：「威儀齊肅，器鉢無聲。」第三頁：

「經行侍師而外。」

（5）時長壽寺被新學暴徒毀爲墟市，法器無存。

廣益本斷鴻零雁記第一七頁：「不意常秀寺已被新學暴徒毀爲墟市，法器無存。」

(6)而闍黎馬背郎當，經鉢飄零如故。

大東本燕子龕殘稿第七三頁：「馬背郎當。」

天義報第五卷附錄第四頁畫譜自序：「願衲經鉢飄零。」

(7)衣鉢塵土

廣益本斷鴻零雁記第四六頁：「衣鉢塵土久。」

(8)循陔之餘。

廣益本斷鴻零雁記第三七頁：「余循陔之餘。」

(9)一時夜月照積雪。

廣益本斷鴻零雁記第六一頁：「今夕且看明月照積雪也。」

(10)或肥馬輕裘與共。

新青年第二卷第三號碎簪記第七頁：「肥馬輕裘與共。」

(11)萬緒悲涼。

大東本燕子龕殘稿第六四頁：「比醒又萬緒悲涼。」

(12)當願恒河沙界，一切有情，同圓種智。

天義第六卷附錄第七頁梵文典自序：「但願法界有情，同圓種智。」

(13)余離絕語言文字久矣。

大東本燕子龕殘稿第六四頁：「曼離絕語言文字久。」

又第八一頁：「衲離絕語言文字久矣。」

(14)當入鄧尉力行正照。

大東本燕子龕殘稿第六六頁：「鄧尉山容我力行正照。」

又第八二頁：「今擬歲暮歸棲鄧尉，力行正照。」

……………………

此外相似處尚多，茲不一一列舉。

對於飛錫潮音跋的意見

柳亞子

曼殊是不是完全的日本血統？

潮音跋原稿是舊藏在我處的。記得一九一二年春天，葉楚傖在上海辦太平洋報，出一種附刊，叫做太平洋文藝集，我當時担任附刊編輯，住在報館裏。曼殊從爪哇還上海，也就住在那裏，我們幾個人總是天天混在一起。陽歷四月底，曼殊還去日本一次，五月下旬復來。這一篇日本僧飛錫潮音跋的原稿，是六月初旬曼殊親手交給我的。我正在需要文藝集的稿子，所以六月九號的報上，就把牠來發表，到六月十三號登完，共登了五天。發表了以後，就有劉三來質問曼殊，大概的意思，是說：『我們向來知道你是半個中國人，半個日本人；但照飛錫的文章講起來，你變了一個完全的日本人了，究竟是怎麼樣一回事呢？你須宣布眞相才好。』曼殊回答他：『這不成什麼問題，馬馬虎虎就算了。』劉三又說：『這是你的終身大事，如何可以馬馬虎虎？』曼殊不則聲，自吸着他的雪茄烟。當他們倆講話時，我和陳去病都在塲。後來曼殊和劉三走了，去病對我說：『照我看起來，大概曼殊是一個油瓶兒子，難怪他不肯宣布眞相。』（油瓶兒子是南方的土語，指隨母改嫁者而言。）我當時對於他的辨論，和去病的揣測，都沒有十分注意。還有曼殊的斷鴻零雁記，也在太平洋報發表過，一九一二年五月十三號登起，在潮音跋發表以前。但當時大家以爲牠是部小說，更沒有人注意了。所以曼殊去世以後，我替他做傳，還是根據我們從前所知道的傳說；而所謂飛錫的文章，丟在我箱子角落裏面，簡直一點都沒有理會到牠。直到一九二三年，楊鴻烈在北京晨報副刋上發表他的蘇曼殊傳，說斷鴻零雁記是曼殊的自傳。我因而聯想到這篇潮音跋，似乎是和斷鴻零雁記有關係的，便去找出來匆匆看了一遍。後來忙着別種事情，便又擱起不提。今年夏天，無忌要做蘇曼殊年譜，問我找材料，又把潮音跋尋了出來，和斷鴻零雁記一對照，差不多大同小異；而和我們向來所知道的傳說，却截然不同。於是這一件丟在我箱子角落裏面，過了十五年時光的老古董，便成爲研究曼殊身世問題者的中心之核了。

曼殊身世問題，關於我們向來所傳說的，可以燕子龕殘稿上面所轉載的章太炎曼殊遺畫弁言爲代表作品。我的蘇玄瑛傳，也可以歸入這一類，雖然我當時並沒有看見過太炎的文章。我當時所根據的，是馬小進的一封信，可惜此信現在已找不到了。太炎的遺畫弁言，是和潮音跋立於反對地位的。但把牠細細看來，却很有可以溝通的痕跡。牠說：『父廣州產，商於日本，娶日本女而得子㲉。』得字當然可以作生字解，但也可以影射作取得解。倘然作取得解，那就和陳去病的油瓶說吻合了。牠又說：『廣中重宗法，族人以子㲉異類，羣擯斥之。』我們曉得宗法是關於男系的，最嚴重的意義是在防止『異姓亂宗』，而對於母性的方面，却並沒有限制。倘然曼殊實在是蘇某親生的兒子，縱然他是外婦所出，照宗法上講起來，又有甚麼可以擯斥的理由呢？所謂『異類』，明明說他不是蘇氏的血統，非油瓶而何？倘然說，因爲他是半個日本人，所以要擯斥他，那末上面應該說廣中重國籍，不應該說重宗法了。太炎和曼殊來往很久，或者知道曼殊身世的眞相，而又不欲明言，故託於古訓，以見微詞，也許不是我的異想天開吧？所以照我的理想講起來，曼殊的生父，確是一個日本人。潮音跋所謂『自幼失怙』，斷鴻零雁記所謂『爾呱呱墜地無幾月，即生父見背。爾生父宗郎，舊爲江戶名族，生平肝膽照人，爲里黨所推。』都是眞話。至於說曼殊到廣東的原因：潮音跋所謂『五歲別太夫人，隨遠親西行支那，經商南海，易名蘇三郎。』斷鴻零雁記所謂『後此夫人綜覽季世，漸入澆漓，思携爾託身上國；故挈爾身於父執爲義子，使爾離絕島民根性，冀爾長進爲人中龍也。』却都是遁詞。因爲都是遁詞，所以斷鴻的『明知茲事有干國律，然慈母愛子之心，無所不至，乃親自抱爾潛行來遊吾國，僑居三年。』又與潮音跋的『五歲別太夫人』完全矛盾了。實際的事情，應該是『生父見背』以後，其母重與『廣州產，商於日本』的蘇某結婚，於是曼殊當然做蘇某的義子，當然同着他母親都跟蘇某到廣東來；而所謂『娶日本女而得子穀』的一重公案，也完全可以解決了。

潮音跋爲什麽沒有印到潮音上去？我以爲此是曼殊心理上的矛盾作用。照我的理想講起來，曼殊少年時代，是不曉得油瓶的一段歷史的。（在斷鴻零雁記上，雖有乳媼述身世一段，我以爲並不是當時的事實，是曼殊後來做小說時添進去的。）他自己也以爲母親是日本人，父親是廣東人，他自己眞眞是蘇某的兒子。照男系的法律和習慣講起來，他應該是算中國人的。他幷且有偏愛中國的習性，隨處在文字間流露，雖然他老早知道母親是日本人。你看他在國民日日報上做的嗚呼廣東人一文，對於中國人入日本籍的，攻擊得何等利害？我想倘然他自己知道身世時，也許筆鋒要婉曲一點吧，——雖然是晚歲還在罵『於髮中變出一兹』的『侏儒』。他知道他自己的身世，大概在二十歲以後，二十八歲以前，此時他的精神上最感受痛苦。他是偏愛中國的。他的學問，思想，完完全全是中國化，一點沒有島民遺傳的根性，所以他最愛中國。但偏偏發現了中國並不是他眞眞的祖國，這是何等的傷心？他又是最愛他母親的。再嫁的事情，在現在講當然不成問題；但他對於男女間的觀念，却很是頑固，是主張婦人從一而終的。那無怪他常常要囑着『身世有難言之恫』了。他對於此事的心理，一方面實在是諱莫如深。但從另一方面講，他對於生身的父親，也許不願意一筆抹殺。所以在未做潮音跋以前，先做了一部斷鴻零雁記，抬了一個『生父宗郎』出來，幷自稱河合三郎，以表明其爲日本人。不過對於母親再嫁一節，却是諱言的，於是便把假父改成了義父。（潮音跋述曼殊雜著，已有斷鴻零雁記名目，可見成書在先。）後來化了飛錫的名去做潮音跋，也是這種心理。但他覺得使母親到一個異國男子的家庭中去『僑居三年』，雖然藉口於『父母愛子之心無所不至』，但在事實上終覺不自然。於是索性把此節舊筆刪去，變成『五歲別太夫人，隨遠親西行支那，經商南海』；而此實際上是假父的蘇某，又由『父執』『義父』而變成『遠親』了。這是曼殊在潮音將要付印時的心理。可是到潮音將要出板時，他的心理忽然起了變化。他情願埋沒着一生的隱恨，而不願意使人家曉得可愛的漢土不是他眞正的祖國，所以毅然決然把這篇跋刪去了。但他住在太平洋報館時，他的心理却是變而又變，所以既把斷鴻零雁記在報上發表，又把此文交給我手中。雖然我已經記不清楚他交給我時是不是要我發表，但我想在發表時，總是得着他同意的；至少他交給我時並沒有叮囑我不許發表。不然，我又如何能違悖他本人的意思而擅自付印呢？由此觀之，他對於潮音跋，第一個時期是要發表的，（初屬稿時）第二個時期是不要發表，（潮音出板時）但第三個時期終於親手交給人家，任人家去發表了。說一句滑稽話，也許曼殊預料身後有人要替他作傳，而特地留此一文，作爲研究他身世的資料吧！

附潮音跋紀年表

四歲伏地續師子頻伸，狀栩栩欲活。（一八八七年）

五歲別太夫人，隨遠親西行支那，經商南海。（一八八八年）

年十二，從慧龍寺主持贊初大師，披鬀於廣州長壽寺。（一八九五年）

乘歐船渡日本，奉太夫人居神奈川。太夫人令學泰西美術於上野二年。（一八九六年——一八九七年）

學政治於早稻田三年。（一八九八年——一九〇〇年）

學陸軍八閱月。（一九〇〇年）

之扶南，隨喬悉磨長老，究心梵章二年。（一九〇一年——一九〇二年）

歸入靈隱山，著梵文典八卷。駐錫滬上，爲國民日日報繙譯，赴蘇州，任吳中公學義務敎授。渡湘水，登衡岳，以弔三閭大夫。應聘長沙實業學堂，崇正學堂，明德學堂，經正學堂。（一九〇三年）

應聘盤谷靑年學會，錫蘭菩提寺。（一九〇四年）

池州楊仁山居士，……創辦祇垣精舍於建業城中，……函招闍黎……。闍黎盡瘁三月，竟犯唾血東歸，隨太夫人居逗子櫻山。（一九〇五年）

應聘蕪湖皖江中學，金陵陸軍小學。（一九〇六年）

爲梵學會譯師，交遊婆羅門憂國之士。……議建梵文書藏。（一

九〇七年）

振錫南巡。將燕子箋譯爲英吉利文。甫脫稿，雪鴻大家携之瑪德利，謀刊行於歐土。應聘噠班中華會館。（一九〇九年）

自梵土歸來，詣其王父墓所。（一九一一年）

關於段菴旋燕子山僧集的我見種種

柳亞子

（一）

段氏以周瘦鵑燕子龕殘稿爲藍本，添入拜輪詩選，碎簪記，斷鴻零雁記，三種，加以新式標點。較諸周氏所輯，當然是漸近成功的作品，是我所承認爲相當滿意的。

（二）

段氏有一最大誤點，即根據趙景深得聞於白采的傳說，斷定絳紗記焚劍記爲並非曼殊作品。（原文：『余獲宜賓趙景深先生書，謂此二記爲其友某君所造，實非師作。』所謂其友，不曉得是指景深的朋友，還是指曼殊的朋友？使人莫明其妙！）我關於此點，極端反對，所得證據甚多。絳紗焚劍均用曇鸞署名，他們或疑曇鸞並非曼殊。然民國五年甲寅雜誌社出版亞東圖書館發行的絳紗記焚劍記合本（章行嚴選定名家小說之一），前面有一個小廣告，明說曇鸞即蘇曼殊。證一。絳紗記獨秀序：『爛柯山人前造雙枰記，余與曇鸞皆序之；今曇鸞造絳紗記，亦令爛柯山人及余作序。』現在雙枰記前面，有的是兩篇序，第一篇是獨秀山民的，第二篇便是燕子山僧的。如其承認燕子山僧就是曼殊，當然不能說曇鸞不是曼殊了。証二。民國五年新青年第二卷第四號上登的碎簪記，有獨秀後序一首，說：『前者吾友曼殊造絳紗記，秋桐造雙枰記。』可見絳紗記的確是曼殊的作品。証三。（段氏翻印碎簪記，不錄此序，也許因爲和他所聞于趙景深的傳說矛盾，而特地删去的。）由此三者當然可以証明雲鸞就是曼殊。白采的錯誤，不辨自明。可惜白氏已死，無從根究他錯誤的來源了。

（三）

段氏序中祇提文學因緣暨漢英三昧集，而不及潮音，（湖畔詩社有重印本，上海創造社出版部寄售。）悲慘世界，（上海泰東圖書局發行。）天涯紅淚記，（見日本東京民國社發行的民國雜誌第一號，民國三年出版。）非夢記，（見上海文明書局發行的小說大觀第十二集，民國六年——實際是七年——出版。）種種。可見他搜羅曼殊作品的成績，較遜于落葉哀蟬的作者葛克信了。（落葉哀蟬是考據曼殊作品的短文，見上海時事新報附張鑑賞週刋內，我曾因牠的指示，發現到天涯紅淚記和非夢記的。）還有粵人蔡哲夫印行的曼殊遺畫，段氏大概也沒有寓目。所以章太炎曼殊遺畫弁言：『子穀既死，遺畫十數幅，友人李根源印泉蔡守哲夫爲印傳之。』周瘦鵑刋燕子龕殘稿時，把「遺畫十數幅」五字落去。而段氏也仍其錯誤，不及改正了。（燕子龕隨筆第九條：『迦梨達舍，梵土詩聖也。英吉利騷壇推爲「天竺沙士比爾」，讀其劇曲沙君達羅，可以覘其流露矣。』文義本甚淸楚，自周氏誤于「比」字斷句，將「爾」字連下，遂不可解。段氏亦沿其誤。還有，自迦梨達舍句起，另是一條，應跳行特起，周段兩本併入第八條內，都是不對的。）

（四）

段氏所輯舊詩，隨筆，書札，序跋雜文，都仍周氏的材料，缺漏很多。我現在各處搜集，已經補到的，有舊詩七首，（兩首見民國前九年上海出版的國民日日報附張黑闇世界，一首見民國前四年日本出板的文學因緣及民國六年上海出板的小說大觀第十二集內非夢記，一首見民國前二年上海出版的南社叢刻第三集，一首見民國元年上海出版的太平洋報附張太平洋文藝集內高鈍劍所做的願無盡廬詩話，一首見民國五年上海出版的名家小說內寂寞程生所做的西冷異簡記，都是七絕。還有一首七律，是從曼殊友人鄭桐蓀處抄來的。）隨筆兩則，（一則見民國雜誌第一號。另一則見民國四年上海民權出版部印行的民權素第十三集，原名燕子龕詩話，實際和隨筆同一性質。詩話共十五則，其他十四則曼殊都曾收入隨筆內，故此則我也把牠歸併做隨筆了。）書札三十餘通，（有從南社叢刻補來的，有從曼殊手蹟鈔出的。）序跋雜文十二首，（梵文典自序一首，海哥美爾氏名畫贊一首，秋瑾遺詩序一首，曼殊畫譜自序一首，露伊斯美索爾像贊一首，均從民國前五年日本東京出版的天義報錄出。女傑郭耳縵一首，嗚呼廣東人一首，從國民日日報錄出。南洋話一首，馮春航談一首，華洋義賑會觀一首，從太平洋報錄出。三次革命軍題辭一首、從本書錄出。送鄧邵二君序一首，從友人處鈔來。）將來如有刋印機會時，擬就所得材料，先編成一部燕子龕叢書，照中國舊書的式樣印刷出版。而且照我的癡想，等此書行世以後，再把現在已經發現的曼殊作品，像悲慘世界，（悲字應刪去，依舊名作慘世界。）斷鴻零雁記，天涯紅淚記，（此書可惜不全。）絳紗記，焚劍記，碎簪記，非夢記，文學因緣，拜輪詩選，潮音，漢英三昧集等等，連我所編的燕子龕叢書，共同聚集起來，用新式標點，橫行排列，印成一部歐化式的蘇曼殊全集。紙張裝訂，起碼要和潮音的原版本一樣優美。到這個時侯，才比較地足使愛讀曼殊作品的人們，稍稍得着幾分安慰吧！（全集末後應闢附錄一欄，把章太炎的梵文典序，初步梵文典序，——此文我未見。據楊鴻烈蘇曼殊傳引：『曼殊聞英人馬格斯牟羅圍林輩，皆有梵語釋，文雖簡略不能盡大乘義，然於名相切合不鑿，乃刪次其書，爲初步梵文典四卷。』云出章氏叢書別錄三。但我處所藏右文社本章氏叢書太炎文錄初編別錄卷三內，並無此文。只有梵文典序一首，文內又並無楊君所引各語，不知何故？希望楊君能將此文鈔出寄我，由清華大學柳無忌轉交。——曼殊畫譜序，曼殊遺畫弁言，書蘇元瑛事，劉申叔的梵文典序，陳仲甫的梵文典題詩，絳紗記序，碎簪記後序，何震的梵文典題偈，曼殊畫譜後序，河合氏——曼殊的母親——的曼殊畫譜序，日本僧飛錫的潮音跋，章行嚴的絳紗記序，胡寄塵，魏秉恩的斷鴻零雁記序，王德鍾的燕子龕遺詩序，傅熊湘的燕子龕遺詩跋，周瘦鵑的燕子龕殘稿弁言，段菴旋的燕子山僧集序，蕭九重的燕子山僧集跋，諸宗元的曼殊大師塔銘，我的蘇玄瑛傳，燕子龕遺詩序，楊鴻烈的蘇曼殊傳，葛克信的落葉哀蟬，柳無忌的蘇曼殊年譜，蘇曼殊作品提要，和其他關係於曼殊的東西，一併編入。）

燕子龕遺詩序

柳亞子

曼殊奄化之歲，青浦王德鍾輯其遺詩，得如干首，將梓以行世，屬余爲之序。嗚呼！余何忍序曼殊之詩哉！余初識曼殊，以儀徵劉師培爲介。顧君棲窮島，余蟄荒江，未獲數數相見也。武昌樹幟，余在滬瀆，值先烈陳英士先生異軍突起，君自南土來書，謂：『遲者振大漢之天聲，想諸公都在劍影光中，抵掌而譚。不慧遠適異國，惟有神馳右右耳！』又曰：『壯士橫刀看草檄，美人挾瑟請題詩，遙知亞子此時樂也！』蓋與會飈舉，不可一世矣。和議既成，莽操尸位，黨人無所發攄，則麕集海上，日夕歌呼飲北里。君亦翩然來，游戲宛洛，經過李趙，吾二人未嘗不相與偕也。既余倦游歸隱，君去皖江。嗣後五六年間，滄桑陵谷，世態萬變。余與君相聚之日遂少，即聚亦無復前日樂矣。最後仍晤君滬瀆，時爲英士歸葬碧浪湖之前數日，握手道故，形容憔悴甚。君言：『邑廟新闢商場，極絢爛，顧求舊時擔餳粥者，弗可得。葢大商壟斷之術工，而細氓生計盡矣。』君生平絕口弗談政治，獨其悲天憫人之懷，流露於不自覺，有如此者。君工愁善病，顧健飲啖。日食摩爾登糖三袋，謂是茶花女酷嗜之物。余嘗以芋頭餅二十枚餉之，一夕都盡，明日腹痛弗能起。又嗜呂宋雪茄烟，偶囊中金盡，無所得貲，則碎所飾義齒金質者，持以易烟。其他行事都類此。人多目爲癡，然談言微中，君實不癡也！嘗共余月旦同時流輩，余意多可少否；君謂：『亞子太丘道廣，將謂擧世盡賢者。』余曰：『然則和尙將謂擧世盡不肖耶？』相與撫掌而罷。「和尙」者，君少時披緇廣州慧龍寺，故朋儕以此呼之。君精通內典，然未嘗見其登壇說法。吳縣朱梁任嘗勸余從君學佛，君笑曰：『是當有緣法，非可强而致也。』嗚呼！洵可謂善知識已！君好爲小詩，多綺語，有如昔人所云，「却扇一顧，傾城無色」者。又善畫，蕭疏淡遠，似不食人間煙火物。往還書問，好以粉紅殘作蠅頭細楷，造語亦絕俊，恒多悲感及過情之談。葢蘇長公一肚皮不合時宜，藉此發洩耳！君旣歿，吳縣葉楚傖，上海劉季平咸擬輯其遺稿，而滇中某貴人，欲斥千金壽刊君詩畫之屬，未知其能有成否？王子所輯，雖不多，見虎一文，亦足慰君於地下已！余既爲文以傳君，而覼縷之詞，有未盡者，爰弗辭而復爲之序。時中華民國七年雙十節前二日，吳江柳棄疾謨。

此文脫稿於一九一八年。明年六月，王君所輯始成編。又明年七月，始由余捐貲付印。適此文不知置何處，因未刋入。頃忽自舊篋檢得，爰重加修改而存之。一九二七年一月，亞子記。

蘇曼殊詩集序

柳亞子

七年前余印行燕子龕遺詩，出青浦王君手輯，取材於南社叢刻，而多所芟薙，東鱗西爪，讀者病焉。厥後香山馮氏，吳興沈氏，吳門周氏，城步段氏，咸有所增補，顧於南社所錄，尙未能全及，遑論其他。吾兒無忌頃有蘇曼殊詩集之輯，旣依據南社叢刻全部，得詩七十八首，復廣徵博采，別獲其他逸詩六首，都共八十有四首，附以斷句五聯，付聚珍仿宋局精刋行世，於是曼殊之詩，庶幾稍稍有完帙矣。書將成，屬余述其始末如此。一九二七年一月，柳亞子。

余初發願，將盡搜曼殊遺詩及譯詩，雜文，序跋，書札，隨筆之屬，付諸仿宋。繼思曼殊作品，自遺詩外都雜厠歐字，頗不相宜。遂罷前說，第以斯集代表之。其他則俟諸旁行之蘇曼殊全集云。又記。

記陳仲甫先生關於蘇曼殊的談話

柳亞子

一九二六年九月六日，我在上海某處會見陳仲甫先生，曾談到曼殊。現在把我們的談話，用問答體記錄出來，關於文字的方面，當然由我負責。

我問：『曼殊的家世問題，你所知道的怎麼樣？』

他答：『曼殊的家世，據我所知道的，也和一般的傳說差不多，說他的父親是廣東人，在日本做買辦生意的，而母親是日本人。至於實際情形，我也弄不明白，因爲他是從來沒有對人家淸淸楚楚講過的。我和曼殊同在日本的時候，有一次曾見過他的母親，而曼殊却對我講是他的親戚。但我看他們倆的面貌，非常相像；尤其是兩人間相處的情形，隨地可以表示出母子間親愛的關係，決計不會是親戚，顯然是曼殊在打誑話罷了。我又聽見人家講，曼殊的母親是一个再醮婦，她從廣東還到日本以後，曾經另和日本人結婚過，不知道確不確？』

我問：『你和曼殊認識的經過，能够告訴我一點嗎？』

他答：『我和曼殊認識很早，就是在上海國民日日報館同事的時候。後來報館被封，我和曼殊及何梅士，——就是雙秤記中的何靡施——同在一處租屋居住。曼殊天天嚷要離開上海，我們却不許他走。有一天，我出去了，曼殊約梅士同去看戲。跑冞戲館裏面，剛剛坐定，曼殊說要還到寓所去一走，梅士問他有甚麽事情，他說：「沒有帶錢，要還去拿錢袋來會鈔。」梅士說：「錢我處就有，我來請你好了，你何必特地跑還去拿呢？」可是曼殊不肯，却說：「今天看戲是我發起的，應該我來請客，所以一定要還去拿錢。」梅士拗他不過，只得讓他還去。誰知一去不來，直到散戲館時，還是踪跡杳然。梅士很奇怪，還到寓所，見他的行李鋪蓋都沒有了，並且在檯子上發現了他的一封信。信上說明不辭而別的原因，還如此寫着，預算梅士看信的時候，他已動身離開上海了。此時我也恰恰還到寓所，同梅士一談，於是恍然大悟。原來他恐怕我們不放他走，所以趁我出去的機會，特地把梅士騙到戲館裏，而他却跑還來把行李鋪蓋搬走了。後來梅士東渡蹈海而死，我也匆匆他去，終於找不到曼殊的消息。一直隔了幾个年頭，我重到上海，有朋友在酒館裏請我吃飯，正在談話的中間，忽然闖了一个和尙進來，却是曼殊來也！原來他是在別人處打聽了我的行止而被他找到的。此時他僧裝而吃酒吃肉，我們勸他改穿西裝，他堅執地不肯。但隔了幾時，却又自動的改了。問他什麼緣故？他說：「吃花酒不方便呀！」此時的曼殊，一切頗和幾年前不同。幾年前說話很少，幾乎不大開口，而此時却會高談闊論起來。幾年前除了我們以外，沒有朋友，而此時却朋友很多，不但有男朋友，幷且有女朋友了。』

我問：『你和曼殊同譯慘世界，究竟是怎麼一回事？』

他答：『慘世界是曼殊譯的，取材於囂俄的哀史，而加以穿插，我曾經潤飾過一下。曼殊此書的譯筆，亂添亂造，對原著者很不忠實，而我的潤飾，更是媽虎到一塌糊塗。此書初在國民日日報登載，沒有登完，報館就被封閉了。當時有甘肅同志陳競全在辦鏡今書局，就對我講：「你們的小說，沒有登完，是很可惜的，倘然你們願意出單行本，我可以担任印行。」我答應了他，於是慘世界就在鏡今書局出版。并且因爲我在原書上曾經潤飾過一下，所以陳君又添上了我的名字，作爲兩人同譯了。』

我問：『天義報上做梵文典題詩的熙州仲子，是你嗎？』

他答：『熙州仲子就是我。此時我和曼殊同在日本。』

我問：『你對於曼殊的觀察如何？』

他答：『曼殊是一个絕頂聰明的人，眞是所謂天才。他從小沒有好好兒讀過中國書，初到上海的時候，漢文的程度實在不甚高明。他忽然要學做詩，但平仄和押韻都不懂，常常要我敎他。他做了詩要我改，改了幾次，便漸漸的能做了。在日本的時候，又要章太炎敎他做詩，但太炎也並不曾好好兒的敎。只由着曼殊自己去找他愛讀的詩，不管是古人的，是現代的，天天拿來讀。讀了這許多東西以後，詩境便天天的進步了。所以照曼殊的歷史講起來，能够成就到如此地步，眞是不容易的，他實在是一个天才的文學家；至於人情世故上面，曼殊實在也是十分透澈，不過他不肯隨時俯仰，只裝點做癲癲瘋瘋的樣兒，以佯狂免禍罷了。章太炎做的文章上，說他不解人事，幾乎形容他是一个傻子，其實他住在日本的時候，太炎和劉申叔冲突的原因，他完全是明白的。好在他們都當他是傻子，甚麼事不去迴避他，而他也一聲不響，只偸偸地跑來告訴我。照這樣看起來，當曼殊做傻子的人，他們還在上曼殊的大當呢！曼殊的貪吃，人家也都引爲笑柄，其實正是他的自殺政策。他眼見舉世汚濁，厭世的心腸很熱烈，但又找不到其他的出路，於是使亂吃亂喝起來，以求速死。到底由亂吃亂喝的結果，成功了不可救藥的腸胃病而死去。在許多舊朋友中間，像曼殊這樣淸白的人，眞是不可多得的了！」

仲甫的談話止此。我心中想問他的事情還多，但時間不够，不能再講了。當時沒有記錄出來，隔了幾个月的工夫，追寫成此，自然也不免有一二漏落或錯誤的地方。在許多問答中間，有一段說曼殊母親還國後再同他人結婚，這是聞所未聞的奇跡。我猜想起來，也許仍舊可以照我們的假定來解釋：就是所謂再醮婦者，並非與蘇某離緣後再嫁別人，實在是和蘇某結婚時，已是再醮罷了。在這種道聽途說的中間，顚倒了事實先後的位置，當然是可能的。關於飛錫潮音跋的問題，我也曾問過他，他說：「沒有看見過這篇文章，也並沒有聽見過飛錫的名字，大概是曼殊自己所弄的玄虛而已。」這也和我們的假定可以符合了。

附 錄

與柳亞子論曼殊身世函

陳去病

亞子足下：

蜆江還，得手書，具悉。曼殊確係蘇姓之子，其父爲粵中香山縣鉅族，每年販茶走日本。甲午以前，日本視中國如天人，稱吾人爲南京兄（ナチンサン），恒願奉其子女爲祗候，故當時租妻之風甚盛，生女則棄之其家，俾從母姓，男則携以歸。或家本無婦，欲挈之同歸，則須向日官納出籍費，更向中國欽使館註册入籍，此定例也。蘇父家故饒財，妻妾甚衆，子女亦甚多，而竟携日婦歸國，故其家大婦殊鄙夷之。曼殊母知不相容，卒歸故國。然曼殊有異母兄甚賢，時念其弟，而有以撫慰賙䘏之者備至，故曼殊獨留。嗣以父喪，年十六，遂出家於粵之慧龍寺。旋復遨遊新嘉坡諸地，撮有小影一幅，居然乾竺國中小沙彌也，今不知安在耳。田中係鄭成功母姓，拙詩乃借用，非其母本姓。當時曼殊確告我以母姓及其姊之名，惜忽忽不復憶及矣。大旨其母今尚存，兩姊均嫁日人，差堪度日。惟曼殊落落，又引為終身之戚，不甚告人，故交游滿天下，卒不悉其家庭瑣屑也。光緒中葉，祝心淵辦學最早，而曼殊已來吳中，為其唐家巷小學教員，天笑時亦在其校教授國文，故二人交曼殊最先。曼殊嘗貽心淵以畫幅，今約計之，殆近三十年。厥後乃列名於軍國民教育會，編入義勇隊，則聲譽已雀起矣。嘗與劉三共事於陸軍小學，又赴安徽，與鄧繩侯，江彤侯二君撮有小影，衣服璀燦如五陵公子，今尙存敝篋也。獨不識季新，而臨沒竟得季新之賻以購靈櫬，亦奇事也。七月十九，去病手復。

一九二六年的夏天，我爲了曼殊的身世問題，曾寫信去問陳去病君，上面這一封信，就是他給我的回信。我寫信的時候，沒有提起潮音跋內種種詳細情形，更沒有提起陳君一九一二年在上海太平洋報館和我所講的油瓶問題，所以他在回信中會堅決地說「曼殊確係蘇姓之子」，從前的一段小小歷史，他簡直已完全忘却了。我接着他回信以後，再去一信，說明種種，他又有回信給我，承認爲很可研究，此信甚短，現又不在手頭，所以無從附入。上面一封信內所講，完全和以前的普通傳說相同，陳君說「曼殊落落，又引爲終身之戚，不甚告人」，但他不曉曼殊所能够「告人」的，還只是表面文章罷了。信內說曼殊生母先歸日本，然後蘇父去世，與斷鴻零雁記相合，足証章太炎父死母歸之誤。十六歲出家，和潮音跋冲突，或者曼殊有意把出家年歲壓遲一下去告訴別人，也未可知。新嘉坡撮影當是錫蘭之誤，原版本潮音有僧裝小影一幅，下署「曼殊闍黎獅子國造像」，獅子國就是錫蘭。曼殊有兩姊當是一姊一義妹之誤，據斷鴻雁零記曼殊只有姊氏一人，另外却有一義妹，大概陳君誤記爲兩姊了。曼殊母姓河合，姊名榮子，姊夫姓榎本，但義妹之名，卻無從考証。唐家巷小學當是吳中公學之誤，也許曼殊在吳中公學敎書時，曾經兼任唐家巷小學課程吧？軍國民敎育會及義勇隊都是一九〇三年春夏之間留東學生的軍事組織，大概曼殊這一年春天在靈隱山著成梵文典以後，又赴東留學，曾參預當時留學界的救國運動了。季新就是汪精衛先生。一九二七年一月十三日，亞子記。

與柳無忌論曼殊葬地函

陳去病

無忌都講足下：

惠書奉悉。講肄多暇，獨能繫念舊好，爲之表闡，欣慰何極。此間遭逢喪亂，人民轉徙流離，偷生視息之不遑，尙能安閒淸靜，享讀書之樂乎！所需曼殊小影兩幀，都在鄉間。募捐啓印而未用，均爲居覺生及田梓琴兄弟取去，今諸君久不面，而僕原稿亦在韶關宣傳處爲陳炯明叛兵刼去，思之可恨！惟貞長塔銘係林凉笙所書，早已樹之葬地，但尙未拓得一本耳。蓋自齊盧戰爭以後，吾儕團體，完全擊破，僕亦從未到過西湖一次，故每歲清明，僅由徐懺慧姊妹前往省視一番而已。緣曼殊之墓，完全得懺慧夫人一力相助而成，猶之陳勒生之墓，表面上係由僕得來，而其地則懺慧所讓與耳。今蘇墓更與懺慧生壙相鄰，其地亦即由懺慧割讓。而瀕湖一角，古木蕭森，萬柄荷葉，繚繞左右，隔水則棲霞嶺下陶秋諸烈之墓在焉。姑繪圖以明之，希覽察之。葬事經過記事俟稍暇當撰就奉寄，勿念。草草順頌學祺，旅祉。

去病手復。十二月二十七日。

與柳無忌論曼殊生活函

鄭桐蓀

無忌大甥：

……曼殊在安慶時與我甚投契，安慶散後在我家住過兩三个月。他見了生人是一句話不說的，却是與至好促膝閒談，則又上下古今，滔滔不絕，談興甚好。他到安慶後，人家仰慕他名望的非常之多，天天有人要想來看他，他總是設法避去，以爲討厭。我們在安慶每天上『小逢萊』吃點心或吃飯，這也都是他的主動。現在回想當時的每天上『蓬萊』，亂談古今，覺得生平快樂，莫過于此。而一念及故人黃土，則又不覺悲從中來，不能自慰。他少年時本是極熱心，中年後悲觀極深。他的拚命吃charcolate，八寶飯，雪茄烟，實是一種自殺政策。金錢到手拚命亂用，無錢則忍餓終日。好吃花酒，而却與他所做的倌人（名花雪南）極少交談，蓋彼之所好不過一場熱鬧而已，不在花亦不在酒也。彼對於並世人物，多少許可。那時的國民黨，很想捧宋教仁出來組閣，我曾徵其意見。彼的意思，大約對宋亦殊少許可。（大約謂宋聰明而已，並無眞才眞學。）他還有一句話，很有意思。他說：宋教仁等所以要做革命黨，不過見識尙遠，人尙聰明，知道中國革命遲早總要成功耳。他離開我家以後，（在二次革命後，民國二年夏中。）在上海第一行臺旅館又住了多時。後來民黨四散，

（他的金錢向來是靠黨友接濟的。）他窮困益甚，不得已又復東渡。過了兩三年，有一天他忽然到我廣中，說他新從煙臺（或是青島）居正（覺生）處來，（時居正在魯獨立，曾有一時的小成功。）在上海住在環龍路某號等等。後來我去找他，知道他所住之處，即是孫中山的住宅。這兩次見面，都是很短。他的經濟情形，我想是不會好的，不過看他行爲，却尙不露急相。過了一時，遇見少屛，知他病在廣慈醫院，（法人開的醫院，大約是名爲廣慈。）我與少屛同去看他一次。（大約純如亦同去。）這時他已臥病，不能起坐。他說：前幾天幾乎要死，現在已經出險，以後我的雪茄烟及糖，不能再亂吃了。後來我放假回家，過了一時，再到上海，三公公告我，前幾天蘇曼殊出喪過此，始知其已經物化。他的虧空及斂葬費，大約都是汪精衛幫的忙。（時精衛適過上海。）他的早死，雖然可惜，一方說來，或者也可以算是好事。一來，他對於人生，完全已無樂趣。一來，他的生活，是幾幾乎無法可維持的。一來，他的腸病（即由亂吃雪茄與糖而來）常發，也是極痛苦的。一來，他的名譽，是完全而死的。（活下去恐難說。）他的詩大約散失很多，因爲他自選極嚴，稍不合意者常即棄去。我去年曾抄一首示安哥，想坍已錄存一份，茲再抄如下：

何處停儂油壁車
西泠終古即天涯
搗蓮煑麝春情斷

轉綠廻黃妄意賒
玳瑁窗虛延冷月
芭蕉葉捲抱秋花
傷心怕向妝臺照
瘦盡朱顏衹自嗟

自悲身世，于此可見一斑。當時我曾慰他一詩，不佳，記一段因緣而已！

曾傍紅樓幾駐車
青衫無奈又天涯
詩成百絕情難寫（時曼師有無題詩百絕之作）

雪冷三冬恨夢賒（泛指花雪南）
漫去深山盟落葉（曼師常有再作和尙之意）
應憐空谷老名花（指花雪南）
朱顏未減少年態
何事頻頻攬鏡嗟

曼殊詩多絕詩，風韻極佳，有神無物，而味極雋永，愈讀愈見其佳。（倘用胡適之漢學方法去讀曼殊詩，必定失敗。）

他的畫亦丰神絕世，惜不多。彼亦不肯畫，視徵畫爲一苦事。我們同離安慶那一天，易白沙（易培基寅村之弟，在粵蹈海而死）強嬲其作畫，彼曾畫了小幅四五張，落筆極迅速，數十分鐘卽畢一幅。

彼在我家曾畫扇面數頁。彼允我畫一巨幅，然到底沒有給我。

他的行爲雖是落拓，却並非不羈。意志雖極冷，而心腸却是極熱。

桐蓀。

桐蓀此信，對於曼殊的性情和行事，有很深刻的觀察，和很銳利的批評，是我們所十分佩服的。他講起曼殊從烟臺(或青島)居覺生處到上海的事情，而忘其年歲。我猜想起來，應在公元一九一六年，即民國五年。此時袁世凱帝制失敗，居覺生在山東組織軍隊，當是這个時候了。這是可以補無忌蘇曼殊年譜的缺漏的。亞子附記。

與柳無忌論曼殊著作函

章士釗

柳君足下：

曼殊眞近代之異人也。自初識字以至卓然成家，不過經二三年。始在滬與釗共筆墨時，學譯囂俄小說，殊不成句。且作字點劃，八九乖錯，程度猶遠在八指頭陀（此亦異人之一，乃未學詩而能詩者也。）之下。一日，攜洋蚨三十，遺字於案，遁去。釗與陳獨秀大詫，而亦無法追之。後一年，走東京，復與同人文會，則出語雋妙，已非流輩所及矣。然猶時煩太炎爲之點定。釗藏有去國行數章，曼殊手草及太炎增削之迹咸在。此詩君已收入未？容檢出錄副奉寄。此外所有，未易一二舉，理出必告。曇鸞爲曼殊別字，二記俱所親草，世何得疑！且他人焉能有此冷慧文字？寂寞程生，故程姓，字演生，皖中文家，與獨秀友善。曼殊軼事，尊君燕子龕遺詩序大致已得。然釗自應爲之立傳。因循未就，深負死友。勞君見促，會當奮筆。

士釗。

補柳亞子先生之遺

葛克信

在語絲一百○一期上看到柳亞子先生的一篇「關於段菴旋燕子山僧集的我見種種」的文章，陡然的，使我回憶起去年五卅南京路上的血跡。怎麼說呢？原來五卅那天我便是那些「束髮小生」之中的一個，曾親耳聽得鎗聲，也曾親眼看見同學何秉彝的死。我先從英界逃上法界，再從法界回校的時候已是夜了。不知怎的，同學們都走光了，只剩下我一個，孤另另的，在電燈光中徘徊，凝想我日間看見的那些「直脚鬼」的凶相。一半兒驚惶，一半兒悲哀，然而我竟在這驚惶悲哀之中，寫就那末一篇落葉哀蟬，雖然短，不長！在那時候還有那種逸興，我的頭固是西瓜，而我的「血」則又豈僅是「涼」而已哉！現在想來，祇覺慚愧。

近來我的思想還直和梁啓超的論調是一樣，一變再變，孫悟空七十二變；研究文學似乎及不來從前那樣的起勁，什麼緣故，可不知道。不過我對於蘇曼殊始終是愛他，美慕他，特別是「在這個年頭兒」。所以一聽說有人要用「新式標點」，「橫行排列」，並且「歐化」起來，印成一部「起碼要和潮音原版本一樣優美」的蘇曼殊全集，我眞快活得跳了起來——「雀躍三百」！

柳先生想凡是「關係於曼殊的東西」，都把來編入全集裏去。恰巧我在這一年之內——從寫落葉哀蟬的時候到現在，其實一年多了，又找着了幾件「關係於曼殊的東西」。既然「全集」云云，就得給牠一個「完璧」。我做這篇文章的意思，自問無他，不過是補補亞子先生之遺而已。

曼殊的詩和小說，以及隨筆，書札一類的東西，柳先生的文中已經搜羅淨盡。但是曼殊的畫，除掉蔡哲夫印行的曼殊遺畫之外，據同學楊右銘君（楊庶堪子）告訴我：湖北蕭紉秋處尙存有曼殊的畫稿一手卷，又因爲曼殊和牠的父親是朋友的緣故，所以他家裏也有一幅，我曾想求一見，未得，而現在楊君又不知道跑到什麼地方去了。去年冬殘我在四馬路一家舊書攤上，忽然發現了他的一幅人物立軸，（見眞光畫報）一個老頭子手裏拿着拐杖，「飄飄然的」，立在懸崖上。

旁邊還有兩行題詞如下：

『癸卯南遊，客盤谷，西村澄(?)君過我，以耶馬谿夕照圖一幀見贈，並索予畫。予觀西村傑作有唐人之致，去其纖；有北宋之雄，去其獷；誠爲空谷之音也！遂縱筆作此答之。已酉秋八月既望，曼殊命蔡口(?)補書於徐家滙之半隱行樓，時夜已四鼓矣。』

共有印章三個，可惜我不識篆文，只好不說了。

又，曼殊死後，悼他的詩是很多的，如沈兼士先生的「病中聞曼殊以胃病死，追懷往事，悵然有作。」（見十二年十二月份的晨報副鐫）如劉半農先生的「悼曼殊」，（見新青年五卷六號）如沈尹默先生的「劉三來言子穀死矣」，（同上）最近我又發見了某君的絕句一首。至於在他的生前，人寄給他的詩，就我所知道的，則有鄧䕫孫的「寄曼殊」，（見甲寅雜誌一卷三號）還有一首和曼殊一齊遊玩的詩，現在是不容易看到的，我順便鈔在這裏：

與曼殊孟碩同遊江之島　　玄中

碧海擘烟巒，江島啓奇迹。素日澹宵冥；飛濤爭翕闢；縈盤鳥道艱；逶迤魚梁窄；垠堮披高蘿；樊竹蹬危石；峥嶸百尺松，謖謖盪精魄；絕巘截行雲；汎波湧石塀，蓉峰何崔巍？密若聯茵席。乃知造化工；摶俏同一胍。相對徘徊口，暝霞送行客。

——見民國三年出版的民國一卷四期。

此外，還有曼殊的女朋友百助女史的像片一幀，上面有曼殊親筆題的詩，以及許多關係於曼殊的「東鱗西爪」，「一箍腦兒」都在我的波雲筆記裏。柳先生付梓何日？我願意將這本小册子誠虔的送給你。

十月，二十六日。上海大學。

（附）記得民國第二（？）期中，曼殊有一篇署名「三郎」的短的記事文，當時我手懶未曾錄下，而費盡九牛二虎之力得來的民國，又在五卅運動中散失了。思想起來，眞有點慘傷人也！

答葛克信先生

柳亞子

克信先生：

在語絲上看見先生的大著，又蒙將十分寶貴的波曇筆記慨然送我，眞是非常感激的事情。

在波曇筆記裏看到眞光畫報上的曼殊人物立軸，這一幅畫是曾在蔡哲夫印行的曼殊遺畫內發表過的，不過並沒有旁邊的兩行題詞。先生說拿着拐杖「飄飄然的」立在懸崖上的是一個老頭子，但我在蔡本上看出，却不是老頭子，而是一個和尙，（曼殊最善畫和尙，大概是不忘本相。）并且也並沒有拿着拐杖。至於題詞裏面，先生所認爲看不清楚而加以疑問的符號的，有兩個字：第一個澄字，原文作溰，我也承認牠是澄字，不過手頭沒有講究古文奇字的書籍，不能十分斷定；第二個口字，原文作宂，是守字的古文，蔡守就是蔡哲夫，他本名蔡有守，省去有字，又可作蔡守了。此外則「半隱行樓」的樓字，原文作簍，我以爲是窩字的古文，而並不是樓字，因爲我曉得蔡哲夫在上海徐家匯孝友里的寓所，是題着「半隱行窩」四字的。「時夜已四鼓矣」的矣字，照原文應該是也字。此兩者均無關宏恉，不過趁便說明而已。印章三個：在畫幅左角的，爲「印禪」兩字，是曼殊自己的印章，在原本文學因緣上九幅畫內，均有此印；在畫幅右角的，爲「阮簃秘玩」四字，在題詞下面的，爲「有守」兩字，都是蔡哲夫的印章。

先生的民國雜誌，在五卅運動中失去，眞是非常可惜。不知從前搜集的共有若干期？現在尙能記憶否？我處也有收藏，但祗有一，二，三，四，六期，共五本，第五期沒有弄到，第六期後有沒有出版，更無從而知。玄中的一首詩，是在第二期上，不是第四期。至於先生所說署名三郎的短的記事文，在第二期上沒有，在其餘的各期上也沒有，不曉得是不是在第五期上？

先生在波雲筆記上說，曼殊大師以一九二四年六月八日葬於西湖之孤山，但我根據民國日報的通告，知道是六月九日。現將通告原文轉錄於下：

曼殊靈櫬安葬孤山通告

茲定陽曆六月八號（即陰歷五月初七）上午九時，奉柩由滬寧北站啓程，約下午四時到杭。凡滬杭兩地同人，與有交誼者，請准期在站迎送可也。九號十時登穴。特此通告。

南社同人啓

關於編印蘇曼殊全集的事情，我們正在努力進行，希望明年暑假時可以呈獻於先生之前。

一九二六，一二，二六。柳亞子。

關於曼殊大師

趙景深

豈明先生：

許久不寫信來問候您了。頃見語絲第一百〇一期柳亞子先生論到段菴旋編纂的燕子山僧集，其中有一節關於焚劍記，絳紗記作者的問題，於我有關係，我應該來說明原委。至於此二記究竟是否曼殊或「某君」作，我也不敢斷定。

所謂「其友」，是曼殊的朋友，我並不認識曼殊。白采說，絳紗記和焚劍記普通一般人都誤爲曼殊作，其實作者是廖叔愷（？），別署柳豩，今尚健在，現任新聞報編輯。（這廖叔愷就是前一年被暗殺的廖仲愷的本家。）我因爲聽見白采的話，又恰逢友人段菴旋在編燕子山僧集，便將此話告他，順便我也曾將葛克信的落葉哀蟬一文告訴他，說是還有非夢記等沒有收入。他因買不到小說大觀等書，又愛曼殊大師心切，便這樣很快的出版了。他的序中原文有一句是：『師所造小說，今所傳者，僅斷鴻零雁及碎簪二記。』我因此句不妥，便將「今所傳者」改爲「今易得傳本」。

絳紗記和焚劍記的作者問題倘柳豩肯出來說話，就可以完全斷定了。我之所得聞者，不過是一個「傳說」而已。萬古愁有人說是歸莊作，有人說是王思任作，最近又有人說是熊開元作。好在如今這問題是近代人的作品，比萬古愁總容易解決得多。柳亞子先生何妨寫一封信去問柳簃呢？

悲慘世界是曼殊的一本古怪東西，前面一小半大約是根據法國嚣俄（Victor Hugo）的哀史（Les Miserables）改編的，後半似乎是創作了。也許這與您老少年時代做的玩意兒孤兒記（見舊板自己的園地第三〇一頁）相彷彿罷。因談到曼殊，且看見柳先生文中也提及此書，便又添寫了這一點。（商務小本小說孤星淚恐怕就是哀史的另一譯本。）

又，柳先生文中還漏了一篇馮至的沾泥殘絮，這篇是刊在淺艸社文藝旬刊上的。（該刊前附在民國日報出版，是沈鐘的前身。）內容自然是談到曼殊的，寫得很有詩意，可以說是創作般的批評。

十一月一日，趙景深。

答趙景深先生

柳亞子

景深先生：

在語絲一〇五期看見先生大著後，卽寫信去問柳䅉先生，但至今四十餘天，沒有接到他的回信，不知何故。

先生說：『絳紗記和焚劍記的作者問題，倘柳䅉肯出來說話，就可以完全斷定了。』但我以爲無論柳䅉肯出來說話與否，要是我上次所提出三個證據，無人能予以充分的反駁時，我們實在沒有方法可以斷定絳紗焚劍二記爲並非曼殊的親筆。因爲爛柯山人和獨秀山民都是曼殊的多年至友，而爛柯山人又是甲寅雜誌和名家小說的編輯者，他們既然在文字上証明二記爲曼殊所作，我們無論如何，總不能根據着不相干人的一句話，便可以輕輕來否認。這是我個人的主張，先生以爲對否？

還有，柳簃的作品，三五年前，在新聞報附張快活林內發表得很多，但我可以斷然說，和絳紗焚劍的作風，完全沒有相像的地方。這凡是看過柳簃的作品和見過絳紗焚劍二記的人們，都應該可以得着很顯明底印象的。我寫到這裏，忽然想起一樁笑話來：就是前幾年柳簃在快活林發表作品的時候，有許多人不曉得他的眞姓名，因爲他署名的上一字是個柳字，同於我的姓，便以爲柳簃就是我的假名。

（實在柳簃的作風，和我也完全不像。）甚至於有一位嘉興譚天風先生，爲了柳簃作品的內容，特地寫信來和我商榷。在現在想起來，白采先生的傳說，也不過和譚天風先生的誤會，包含着同一滑稽可笑的意義罷了。

一九二六，一二，二六。柳亞子。

關於曼殊大師

黃豈凡

亞子先生：

昨讀語絲先生大文關於段菴旋燕子山僧集的我見種種，極佩。曼殊上人之學問文章，凡十分佩服。前在粤得友人所貽曼殊上人燕子龕詩一冊，諒先生尚未寓目，茲特掛號寄上，請詧收。閱完請賜回北京東城騎河樓十一號凡收爲荷。

聞先生擬編燕子龕叢書，用線裝印刷，極妙。凡前見周氏所編燕子龕殘稿一書，頗不直其所爲，蓋此書裝訂太小，未免唐突曼殊大師也。

十月二十四日，黃豈凡。

無忌先生：

前奉大函，忘未裁覆，歉甚，歉甚。昨接敝友來書，據謂燕子龕詩無從覓得，玆謹將弟本奉贈，請轉令尊大人收存爲荷。

弟前藏有天荒誌一本，內有曼殊上人留東詩十餘首，又畫數幅，（有一幀畫美人一，方鼓琴，弟疑爲靜子玉照。）不悉先生有寓目否？該誌僅印五百本，一時售盡，弟本爲友人某君假去，今某君旣物化，不可復得矣。

梁譯斷鴻零雁記，先生諒有閱過。梁君爲弟同學，生長海外，擅長英語，茲譯殊不失大師文墨之風格 style，至可慰也。

上人遺畫散失不齊，十分可惜。聞北大教授黃晦聞先生存有數幅，先生可一詢之。

十一月二十七日，黃豈凡。

答黃豈凡先生

柳亞子

豈凡先生：

接讀來敎，並蒙惠贈馮秋雪先生校印本曼殊上人燕子龕詩，感甚，感甚。

我編印燕子龕叢書的計劃，原來是如此：(一)詩，(二)譯詩，(三)序跋，(四)雜文，(五)書札，(六)隨筆，用仿宋字印行。但後來想起，曼殊的著作，除掉詩的一部份外，都有夾雜外國字的，倘然用仿宋字排印，恐未必好看。因此變更計劃，把詩的一卷仍用仿宋字印行，取名爲蘇曼殊詩集，而其餘的各部份，則併入歐化式的蘇曼殊全集內。大概仿宋本明春可以出版，全集則希望在暑假時告成，屆時當次第呈請教正也。

天荒誌是否卽天荒雜誌之省文？與天荒畫報是一是二？何人編輯？何時何地出版？尚有法訪求否？請先生詳細告我爲感。

一九二六，一二，二七。柳亞子。

關於曼殊大師

徐沈玉

亞子足下：

亞東書局所印名家小說中西冷異簡記第十一章中，有「琴香公子曰：昔者夢珠上人贈君與碧孃詩曰：『芳草天涯人似夢，碧桃花下月如煙。可憐羅帶秋光薄，珍重蕭郎解玉鈿。』……」同章又云：「夢珠上人絕句，婉麗淒怨，殆不亞飛卿。」又云：「彼斯時浮身何地耶？……聞尚在東京。」又云：「余前於某雜誌讀彼兩篇小說，奇情幻筆，……」案曼殊焚劍綠紗二記，與西冷異簡記並載甲寅雜誌，筆情奇幻可觀。此云絕句婉麗淸怨，亦恰似曼殊。曼殊亦嘗在東京。余頗意夢珠即影射曼殊，則此詩即曼殊詩矣。是吾人於此又獲一曼殊逸詩。特不知異簡記著者寂寞程生何人，未能從而探悉。聞足下有意撰曼殊叢刋，用以奉聞，或可一訪程生，探悉究竟也。予多年欲輯曼殊全集，以訪求遺稿與抄寫編製之不易，且無暇，至今未能著手。深願足下早將曼殊叢刋撰成，亦所以嘉惠士林也。

十月二十五日，徐沈玉。

答徐沈玉先生

柳亚子

沈玉先生：

來教敬悉。蒙鈔示曼殊逸詩，甚感。先生謂夢珠即曼殊，與我的主張正相符合。

我編印曼殊著作的計劃，原擬分爲兩部：一部是燕子龕叢書，專輯詩，文，書札，隨筆，用仿宋字印行；一部是蘇曼殊全集，除包括詩，文，書札，隨筆外，再加小說及曼殊編譯之作，統加新式標點。現在此計劃略有變動，除蘇曼殊詩集仍用仿宋字印行外，其餘即併入蘇曼殊全集內，取銷燕子龕叢書的名目。全集分三編：初編詩，文，書札，隨筆，後加附錄；二編是小說；三編爲文學因緣拜輪詩選潮音漢英三昧集。附錄內專收他人關於曼殊作品的序跋，以及舊體的傳文，塔銘，書簡之屬，又朋輩中題贈輓悼的詩詞。至關於對曼殊有研究性的作品，則別輯蘇曼殊年譜及其他一書，此書當最先出版也。

我因環境的關係，已離開故鄉，來教輾轉投遞，拿先生的通信處弄掉了。先生如看見此信後，望將地址函告清華大學柳無忌，以便將出版品郵奉。

一九二六，一二，二七。柳亞子

關於曼殊大師

邵冰如

柳老先生：（註）小小年紀的我，給你寫信，眞不知稱你什麼好，單單的『先生』二字太淡泊了，所以現在稱你柳老先生。不恭！恕我！

我是最喜歡曼殊大師的作品的一個人，我曾想糾合幾多同志，搜集大師的遺著，並成立個團體，專研究大師的作品，但是不能夠！

在語絲上看到你的關於大師的那篇文字，又想到我曾見到關於大師的文字而你那篇文字未說到的，特地告訴你：

（一）蘇曼殊及其燕子龕詩　　　熊潤桐

載廣東高等師範革新一卷五期，商務代售。

（二）燕子龕隨筆

載文藝珊瑚網，（民五）此不知與你所說的同否？

你若沒有這兩本書時我可以寄給你！

此祝健康！

十七歲的一個小中學生

邵冰如敬啓

十五，十，二十九。

答邵冰如先生

柳亞子

冰如先生：

來信幷革新一冊均收到。先生的盛意，我是非常感激的。我因環境關係，不便和先生直接通信，曾囑無忌奉上數函，諒早收到。

曼殊燕子龕隨筆，散見各種雜誌及報章，我所知道的，有生活日報，有華僑雜誌，有民國雜誌，有民權素，而內容却各各不同。先生所有的文藝珊瑚網，務請借我一鈔爲感。

先生有意糾合同志，搜集曼殊的遺著，並成立團體，研究曼殊的作品，我十分贊成。曼殊在談劇一文內說：『歐美士人建設莎士學會，專攻其業。』我也希望先生能組織一個蘇曼殊學會，專事搜集及研究，先生以爲如何？

一九二六，一二，二七。柳亞子。

關於曼殊大師

羅建業

亞子先生：

最近在語絲一〇一期，見到先生一篇談論燕子山僧集的文章，末尾有向楊鴻烈先生詢問初步梵文典序的話。我因而尋檢我所有的古書流通處本章氏叢書，乃在別錄三的卷末，確見有一篇初步梵文典序，但目錄上却仍標作梵文典序，次序又頗和本書的實際牴牾。我并取中華圖書館本太炎文鈔所收的梵文典序（大約相當於您的右文社本章氏叢書的），來對勘一過，乃知您們所引述討論的那節文字，是附着在『廣州曼殊比丘憂之』句之下的，幷且將『余旣覩其諦且密也』一語，改爲『余亦以爲可覽觀也』，其餘文字，亦微有異同，却都無關宏旨。因此我猜想文鈔所錄是初稿的，叢書所錄是寫定的或追改的。梵文典是初擬的名稱，初步梵文典是更定的名稱。其實只是一書罷。

我很冒昧的寫這封信給先生，從旁插嘴，想先生當亦不至甚爲怪異，這無非是我的一片崇拜曼殊熱所驅使罷。如果先生肯賞臉，我還有些關於大師的事蹟遺集的意見，要請敎呢。

楊鴻烈先生所做的傳，實在亦何嘗見得怎樣的高明。雖然大師的因爲「家庭多阨，情愛無終」而出家，是可以肯定的。至於以爲世上確曾有過一個雪梅和一個靜子，那就未免癡人說夢了。他的所以致誤，只爲他看得斷鴻零雁記太過於實鑿之故。我且試問遺詩中之所謂「調箏人」，即所謂「同鄉仙子」的，楊先生又將怎樣的安排呢？鄙意以爲記中所言，雖不全屬空中樓閣，亦只可作大師的情史之一鱗一爪觀罷。我又頗聞人說，記中所寫湘僧的事蹟，亦屬「夫子自道」的。舴艋的游蹤，就在廣州的荔子灣（風波由此而起）云云。固然這不過是一種「道聽途說」，可是我細看隨筆，乃於此事似頗有微辭。況且以常情計之，「所聘女」的死心，和大師的守義，任你怎樣的「古德幽光」，若止僅僅「一挹清光」的，恐不及此罷。先生的知見，自必更爲明確，其將何以教我呢？

大師祝髮的寺門，先生說的是雷峯寺，但在廣州不聞有此寺名。

斷鴻零雁記又說是常秀寺。我想卽是六榕寺。榕樹常綠，取義或在於此。（寺內又有六祖舍利塔）先生得毋要笑我頭腦之冬烘麼？

大師出家時的年歲，未能確知。據隨筆言：『十四歲時，隨母氏鬻豆子。』又云：『年十七，住虎山法雲寺。』那末當在十四歲之後，十七歲之前，大概可以肯定了。

大師從之治歐文的羅弼牧師，宜卽瑪德利馮湘。又照章太炎先生說，當是披剃以前事。至於他之入早稻田大學（據談劇），恐怕在還俗之後，東渡省母之時了。

大師入寂的時地，先生說是：『中華民國七年，五月，二日，以疾卒于寶隆醫院。』而陳去病先生的為曼殊大師建塔院疏，（我從十年分的廣州民國日報鈔下的。）却說：『以中華民國七年，五月，二十二日，示寂上海廣慈醫院。』究竟是二日，還是二十二日，是寶隆醫院，還是廣慈醫院，這些懸案，還需您們親自解決呢。大師是已往的人了，他的信史，到此刻只有向您們和他接近的人是問了。您們如不弄明白，恐怕一百幾十年以後，就令大師的姓名不致湮沒，亦只賸得一個天生聖人蘇曼殊，給神話化了，豈不可惜！

先生說您家無忌先生有曼殊年譜之作，這對於了解大師的行事，將會有莫大的幫助，或竟能令我們從此得到一個鮮明的印象呢。此文不知已否印行，何處可得，如果是無從搜購的，希望先生能借給我抄寫一分，馬上卽便付郵，担保完璧奉還，也不知先生能允許我這個癡歍的請求否？

先生所擬刋印的曼殊集，我希望能早些和我們相見。我幷且希望那本集裏，應該有些大師手蹟的影片，這事在先生是不很難辦的。而大師的畫，尤其應該盡量的影印，（最好能如原畫的分寸，不可過於細小，失了精彩。如審美印行的今畫選，所收的曼殊畫，糢糊至於不能辨認，便是適例。）因爲這是大師自己很自負很矜愼的學業呢。（嘗見原板的文學因緣，亦有些畫。）

留別雅典女郎的譯詩，不知是否大師的手筆？文學因緣序說是他的故友譯自拜輪集中的，又竟不記其姓名，眞怪！

我前年過香江，偶在一家照相館，見到友人何君寫了大師的小詞一闋來題一幀照片，可惜我當時未有鈔下。不過大師是否會塡詞，已經成問題。因爲我遍查集中（現在流行的），竟不見有一闋詞。何君貽天笑百助女史小影片題的柳梢青，大師已明言是雲林高士的。何君恐即緣此而誤，但我又久未和他會面，無從質証也。

大師的遺文，除先生所舉外，或許還有散逸的。早幾年澳門有個什麼詩社，曾一度徵求大師的遺詩，可惜他的成績如何，我竟一無所知，慙愧得很！（又今年春季，廣州國文新聞出過一次曼殊特號，可惜我還未見到。）現在先生何不下一番大規模的搜求工夫，向大師的友人，——如葉楚傖，黃晦聞，章太炎諸先生，要求他們供給些材料和言論，豈不甚好。

以上糊亂的寫了一大堆，在我「山中閒歲月，不值一文錢」的，大可「不憚煩」，可是花費了先生許多光陰來看信，便不禁誠惶誠恐了。倘若徼幸萬一對於先生編輯大師遺集的事情，確有一分兒貢獻，那我就快樂了。

先生能給我回信麼？這眞是可引爲榮幸的，請逕寄廣東四會威整罷。

敬祝先生健康！

十一月十九日，羅建業。

答羅建業先生

柳亞子

建業先生：

來信收到。關於討論曼殊的各種問題，我是非常歡迎的。

先生說初步梵文典序和梵文典序是一篇文章，我可以表示贊同；不過初步梵文典和梵文典，我却以爲是兩部書。譬如曼殊的拜輪詩選自序和潮音自序，的確是一篇文章；而拜輪詩選和潮音，却並不是一部書。據我的揣測，是如此的：太炎梵文典序成於一九〇七年，此時梵文典有印行的計劃，（據天義報梵文典序及目錄。）但終究沒有成功；後來曼殊編譯初步梵文典，又去請太炎作序，於是太炎便把原來的梵文典序，改竄一下，成爲一序兩用的事實了。這是我的理想，先生以爲如何？

章氏叢書上的初步梵文典序，和太炎文鈔上的梵文典序，都請先生鈔出寄下，以便編入曼殊全集附錄內。（梵文典序我那裏是有的，不過尙須與先生所見的一勘對，以比較其有無異同。）還有叢書和文鈔的出板年月，以及古書流通處和中華圖書館的詳細地址，也請先生告訴我。前者預備考查兩文發表的先後，後者我想去買這兩部書來做參考之用。

先生不贊成楊鴻烈先生的蘇曼殊傳，以爲雪梅和靜子並非眞有其人，我於此稍有異同。我承認斷鴻零雁記是曼殊非正式的自傳，中間有眞實性的地方頗多。記中所稱的三郎，是曼殊的眞名，則雪梅和靜子，也應該不是假名，雖然事實上有幾處是不容「刻舟求劍」的。調箏人另有其人，曼殊曾把她的相片送給包天笑，並題字於上，稱她做百助眉史，（原片見上海半月雜誌。周瘦鵑所輯的燕子龕殘稿，把眉史改做女史，是弄錯的。）大概是一個日本的藝妓，與靜子無涉。湘僧法忍的情史，先生以爲是曼殊的「夫子自道」，但燕子龕遺詩有簡法忍及南樓寺懷法忍兩詩，而碎簪記中也道及法忍的名字，似乎並不是子虛先生和無是公。先生說：「細看隨筆，乃於此事似頗有微詞，」是否指隨筆所載「有女郎手書丹霞詩箋，以紅線繫蜻蜓背上，使徐徐飛入余窗」一則，與記中「忽一日，女繕一小小蠻箋，以紅線輕繫於蜻蜓身上，令徐徐飛入余窗」恰相吻合嗎？這誠然是很可研究的。不道先生下面幾句的意思，我却不甚明白。先生是否以蜻蜓繫箋的豔史，與荔子灣舴艋的遊踪，却懷疑到雪梅身上去？倘然如此，先生要徵求我的意見，只好請先生恕我無以報命，因爲我對於此中事實，實在是「茫無所知」呀。

我從前說過曼殊祝髮廣州雷峰寺，這實在是一段錯誤的紀載。據署名日本僧飛錫所做的潮音跋，曼殊是披鬀於廣州長壽寺的，那斷鴻零雁記所說的常秀寺，大概是長壽的諧音了。潮音跋說長壽寺爲新學暴徒毁爲墟市，而六榕寺至今尙在，則長壽當然不是六榕。先生處如有廣東通志及廣州府志南海縣志番禺縣志諸書，請一查長壽寺的究竟。還有，曼殊本師贊初長老是慧龍寺的主持，故曼殊自稱慧龍寺僧；又到過雷峯海雲寺具足三壇大戒，南樓古刹任知藏之職。這慧龍，海雲，南樓三寺的故實，也請先生一查吧。

曼殊出家的年歲，先生據隨筆斷定在十四歲以後，十七歲以前，這也可備一說。不過據潮音跋所講，出家是十二歲，又和先生的考証不同了。在隨筆本身，原有可疑之點：我們知道曼殊的生母是早歲東渡的，隨筆說「十四歲時隨母氏羇逗子」，逗子是日本的地方，即曼殊生母所居之處，據此則曼殊在十四歲時已經東渡就母，（此與潮音跋相合，因我們據潮音跋推測，曼殊十二出家，十三即還俗東渡也。）

如何十七歲又在虎山法雲寺呢？（我們據潮音跋推測曼殊的行止，十七歲應在日本早稻田學政治，是年即改學陸軍。）隨筆是曼殊自己的作品，應該可靠，但此兩則既自相矛盾，而十四歲隨母氏羈逗子恰和潮音跋可以聯貫，我們就不能不把十七歲住虎山法雲寺一則付諸不論不議之列了。（我想十七歲的七字，或是曼殊的誤筆。）

羅弼牧師即瑪德利馮湘處士，（馮字即壯字之古體字，故潮音跋作莊湘。）治歐文在披剃以前，入早稻田大學在還俗以後，我都和先生表同意。（治歐文有斷鴻零雁記証明，入早稻田有潮音跋証明，至羅弼即馮湘，亦可由斷鴻零雁記間接証明，因第十九章中，明言羅弼氏爲馬德利產也。）

曼殊示寂的地方，確是廣慈醫院而不是寶隆醫院，我從前是弄錯的。五月二日的日子，我是根據上海民國日報所登的訃告，大概不至於再錯，陳去病先生的爲曼殊大師建塔院疏，我從前也見過，但沒有留意到他所講的日子和我不對，此文我處現在找不到，請先生寄我一看。五月二十二日也許是陳先生的筆誤，否則或爲廣州民國日報轉載時所弄錯，都未可知。

無忌的蘇曼殊年譜，正在付印，出版後當奉上一册。

在計劃中的蘇曼殊全集，擬分爲三編，希望在明年暑假前陸續出版。曼殊手蹟的影片，當插入數張。

曼殊的畫，有蔡哲夫用珂羅版印行的一本，共二十二幅，署名曼殊上人妙墨册子，（我們簡稱爲曼殊遺畫。）印得甚好，惜外間流傳不多，先生曾見過否？我本想把此册翻印，因無忌主張擴大的辦法，須另行徵求增補，現在尙未着手。原版文學因緣有畫九幅，天義報有畫八幅，與蔡哲夫所印頗有異同。此外半月雜誌有畫六幅，是從蔡本翻印出來的。今畫選我沒有見過，先生能借給我一看否？

留別雅典女郞的譯詩，據天義報所登文學因緣目錄稱盛唐山民譯，我疑心或者是陳仲甫先生的手筆，也未可知。因爲盛唐山在安徽省城，陳先生是安徽人，而文學因緣自序中，又曾講起陳先生的緣故。（序中所說的畏友仲子，就是陳先生。）

曼殊的詞，我沒有見過。先生所猜的倪雲林柳梢靑，也許是對的。最好寫信給何先生，去問他一下。

先生所說澳門的詩社，大概是雪堂詩社。他們徵求的結果，曾由馮秋雪先生印行一本燕子龕詩，內容比王德鍾燕子龕遺詩多十首，比周瘦鵑燕子龕殘稿少二首。

廣州國文新聞的曼殊特號，已找到否？在去年夏天，廣州民國日報也曾出過曼殊特號。此兩種特號，請先生就近設法徵求爲感。

大規模的搜求，我也曾想到。先生所列舉諸人，黃晦聞先生已有來信。章太炎先生通電「討赤」忙，而葉楚傖先生則在所謂「赤軍」方面供職，我又因環境的關係，不便和人家通信，只好慢慢再看機會了。

此信不便直接奉復，只好在此地發表，隔了許久日子，是十分抱歉的，還請先生原諒。

一九二六，一二，二七。柳亞子。

關於曼殊大師

周作人

無忌先生：

手書敬悉。柳先生稿即當揭載，唯語絲一〇一期稿已發，只能收在次期了。民報雖曾買齊，今已散失，唯友人馬幼漁君處尙有全份，容一檢閱，再行報命。曼殊詩曾見有沈尹默君寫本石印，柳先生文中未之及。此本係據燕子龕遺詩抄寫，唯又據墨迹補入九首，末後附沈君題詞，凡詩七詞二，將來編曼殊集時似亦可收入。原書名如下：

沈尹默書曼殊上人詩稿　張氏影光室印行

亞東圖書館發行 時日大約在民國十年末

十月十二日，周作人。

無忌先生：

惠書敬悉。允寄示曼殊新傳，至爲忻幸。榎本榮子當係夫姓，因日本照例如此，出嫁女子即喪失其本姓也。飛錫之序不知信係日僧所作否？因知曼殊似頗好弄弔詭，或恐是他自己之筆？未見原文，純憑臆測，姑以奉聞。今日出城去，匆匆不盡。

十月二十一日，周作人。

無忌先生：

來信敬悉。亞子先生稿即當代爲發表。沈君書曼殊詩已函詢，如有餘留當寄奉。頃與周瘦鵑氏所刻殘稿比較，所謂補選九首即係本事之二至十，唯沈君詩詞仍可收入耳。民報據馬君覆信，云已殘缺，就所有諸册一查，則並不見所云曼殊匿名諸作。匆匆奉復，不一。

十一月四日，周作人。

無忌先生：

兩函均收到，因俗冗未即復爲歉。柳先生大稿本期語絲中可登出一篇，關于絳紗記者，或當登在再後一期上。沈尹默先生寫詩云已無存，惟敝處有一册，日內當抄錄沈君諸作寄呈也。曼殊母夫人畫譜序譯出奉上，察原文有好些處可以看出非日人之作，似先成漢文再和譯者，而譯者亦爲中國人，因此頗疑係曼公所作之小狡獪，並非眞正母君之筆也。……段庵旋編集偶一見，紙墨印刷太不講究，殊可惜。匆匆不盡。

二十五日，周作人。

無忌先生：

手書敬悉。稿兩篇及曼殊象一幅亦於今日遞到，謝謝。語絲由弟閱稿，唯編校則由北新書局李君主管，一〇七期又因篇幅不够未將柳先生文排入，已囑其設法，下期當可登出。關於潮音序二文，擬特別收在一〇九期，想可以辦到。沈先生詩詞，錄出附呈，請收。曼殊國籍問題，據序（次當係曼殊筆，尊見甚是，）的確是一大疑竇，唯我以為『油瓶』則似未必，日本女兒可以隨母改嫁，男子則除特別（如私生子）外似不可能。如序言確實可憑，其中只言母姓，而不及其父，則又可疑為私生（父母結婚而未經過法律手續，其子即為私生）兒矣。此點殊不易決。匆匆。

十一月二十七夜，周作人。

答周作人先生

柳亞子

作人先生：

從無忌處得讀先生各信，知先生亦主張潮音跋爲曼殊所作，頗喜所見之略同。關於『油瓶』問題，先生以爲：『日本女兒可以隨母改嫁，男子則除特別（如私生子）外似不可能。』我於日本的法律習慣，朞無所知，不敢妄爲之說。不過據斷鴻零雁記所云：『明知茲事有干國律，然慈母愛子之心，無所不至，乃親自抱爾潛行來游吾國。』夫曰「干律」，曰「潛行」，則曼殊隨母改嫁一節，本非經常辦法，而爲軼出於日本法律範圍以外者，在事實上似尙非絕對的不可能。若指爲私生子，似更羌無故實。未知尊意如何？幸更有以教之！冒昧陳詞，乞恕唐突爲荷。

一九二六，一二，二七。

寫在通訊後

柳無忌

彙集了半年中關于曼殊研究的通訊，成了這一卷的附錄。此中特別的提出了陳去病先生的二信，鄭桐蓀舅父的一信，因為這些于考證曼殊的身世都有很好的貢獻　。這裏邊大部份的書信都已由我直接覆過，現在附下的是我父親的覆函。另外所接到許多無關攷證的信，都刪去。

白采謬誤的傳說，說絳紗焚劍非曼殊所作，有章士釗先生的一封信可為强有力的反證。現在我們已無疑義的認此兩記定為曼殊作品，雖則柳篘並無信來。這柳篘，據友人所告，已不在上海新聞報館供職，而且他的眞姓名也不是廖叔愷，像趙景深先生所講。

付印那些通信的時候未徵求到本人許可，這我很慚愧。但那些沒有什麼「化」，也沒有殺頭的危險，這大家可放心！

一九二七，一，，二五，于淸華。

徵求蘇曼殊遺著啓事

我們現有編印蘇曼殊全集的計劃，擬徵求曼殊各種著作，開列目錄如下：

（1）梵文典八卷

（2）初步梵文典四卷

（3）梵書摩多體文

（4）沙昆多邏（Sakoontala）詩劇

此書一譯沙恭達羅，又作沙君達羅，印度詩聖迦梨陀娑（Kalidasa)——譯迦梨達舍——作。歐人 William Jones 及 Monier Monier—Williams 均有英譯本。曼殊有漢譯本。

(5)嶺海幽光錄

(6)娑邏海濱遯蹟記

以上兩書曾登載一九〇六年至一九〇八年在日本東京出版之同盟會機關報民報月刊內，署名南國行人，即曼殊化名。

(7)斷鴻零雁記下卷

(8)天涯紅淚記第二章起

(9)文學因緣第二卷

(10)法顯佛國記惠生使西域記地名今釋及旅程圖

（11）英譯燕子箋

（12）無題詩三百首

（13）曼殊畫譜

（14）泰西羣芳名義集

（15）泰西羣芳譜

一九一四年民國雜誌第六號有此書廣告，羅鳳曼殊同纂，每部定價八元，發行所日本東京芝區南佐久間町一丁自三番地民國社。

（16）埃及古教考

民國雜誌第六號有此書廣告，英國貝博黎博士原著，震旦釋曼殊譯爲漢文，每部定價二元，發行所民國社。

(17)學英辭典

民國雜誌第六號有此書廣告，羅鳳曼殊同纂，每部定價四元，發行所民國社。

(18)詩文及書札

凡燕子龕殘稿所未載者，均在徵求之列。

(19)畫

不論已印未印，一概徵求。

以上各種，凡曼殊故友以及海內外愛好文學之士，如有收藏，務請掛號郵寄北京清華大學柳無忌收。一俟收到抄出或攝影後，即將原件奉還，決不延誤。如因珍愛不便郵寄者，請抄錄副本或攝影見寄爲感。現在先送曼殊照片一紙，他日全集出版，當再行奉贈，以酬雅意。此外如有關於曼殊身世之紀載及其作品之評論，或其他序跋傳誌酬贈哀輓之屬，均乞抄寄，一律歡迎。再一九二五年廣州民國日報副刊曾有蘇曼殊特號出版，倘有保存者，幷乞慨許借抄爲幸。

北京清華大學柳無忌。

附錄的附錄

關於曼殊大師

黃晦聞

柳君足下：

兩奉手書，讀悉。足下爲曼殊刻集，至所欣慰。僦藏其所繢贈之畫（風絮美人），未携置北來，當函至粤中檢寄。但恐舍間遷徙靡常，或不易尋出耳。曼殊逸行，尙有數事，欲爲之記載者。匆匆人事，未及提筆，言念死友，時用黯然。承賜其遺象，皆當時有贈我者。茲將擋作一章奉報，維詧覽不悉。並頌學祺。黃節頓首。一月五日。

戊午六月江干視曼殊殯

一棺江舍未經時
冒著來尋或有知
已負死生元伯語（1）
所哀塵露步兵詩
尺書病革猶相問
晚歲樓居不可期（2）
賸有茫茫憂患意
亂蟬斜照共銜悲

（1）曼殊歿前三日，屬高君劍父致書告余，言將不起。

（2）十年前與曼殊同居江上藏書樓數月。

關於曼殊大師

沈尹默

無忌先生大鑒：

連接兩信，並收到曼殊像二紙，謝謝。承問各節，條答於下：

五言絕句是拙作，但字憶是周君柏年所寫。曼殊贈畫，當時我並未取得，聞現在秋枚處。

實即當年辦國粹學報之鄧秋枚。哲夫所印曼殊畫冊有彼所題字，字頗整瘦似學歐陽體者。

哲夫所印曼殊畫冊中多柏年及余所書字，惜手邊無此冊，不能指出相告也。

曼殊與余兄弟往來手札，一時忘却置在何處，恐不易尋得，殊歉。

沈尹默拜啓。一月十二日。

關於曼殊大師

程筱峯

亞子先生：

閱語絲第一百十二期你所作的蘇曼殊絳紗記之考証，我也相信毫沒有疑問發生了。因爲當絳紗記在東京𤅎甲寅上出版的時候，就有我的叔叔演生——作西冷異簡記，署名寂寞程生的便是。——的朋友在東京寫信給我的叔叔說過爲曼殊所著的，這信我曾看過，並還存在。我讀曼殊的著作，也是始於我的叔叔當民五在滬時寄給我的新青年上載的碎簪記，以後便得讀由亞東發行的單行本絳紗記焚劍記，以及曼殊其他的著作。又凡別人關於曼殊的作品，也不時的留心看；關於曼殊的言行，由別人口述的，也不時的細心聽，而且牢記着。因爲我敬重他的才高，奇異他的爲人。他同我的叔叔，也是交稱莫逆，在滬上曾住過一處，還替我的叔叔刻一小長方形的「二古軒主人」的圖章，至今猶存在我的叔叔的赴法路程行篋中。又畫一幅江湖獨釣一漁翁的圖，送給我的叔叔，圖上並有獨秀先生的跋，此圖現存在滬上某姓家內。又凡曼殊給我的叔叔的信，有的雖上面寫着幾句話，但我以牠爲曼殊的眞跡，保存無恙，並以告白。

程筱峯，一月九號，於長楓別墅

關於曼殊大師

馬仲殊

無忌先生：

現在冒昧的寫一封信給先生，要先生費去一些時間，實在對不起得很，還請先生原諒。

我閱語絲知道先生正爲蘇曼殊編集，這個消息傳來時，我眞歡喜欣慰極了。

幾年前我在南京讀書，那時陳佩忍先生還在東南大學，有時談起曼殊大師的爲人，深惜其遺作流失而未行于世。十三年端午節國內名人合資葬曼殊大師于西冷橋畔，我當時就寫了一篇意見書，其意思即預備收集曼殊大師之遺作，編爲一集，俾曼殊大師死而不死。當時陳師即將此書携至杭州，深得同人許可。總是後來因爲我能力薄弱，所得無多，到畢業以後，因爲謀生問題，飄泊天涯，此願未果又匆匆幾年了。前閱燕子山僧集，爲營業性質，深爲不滿。現在先生預備編曼殊集，我是如何的快慰呢？

曼殊大師生前與亞子老先生交誼甚篤，事實既多明瞭，收藏想亦多，先生爲此，當較容易，所以我對此舉，實在抱有莫大的希望。

先生在語絲上所徵求的，也是我所沒得到的，我現在此可爲代覓，但能否得着，殊不能預料。我現在所能供獻給先生的，只有曼殊佚事一則，附錄後面，這是我聽陳佩忍先生所言，雖然是人家皆知，但我以爲關于曼殊的佚事，只恨少而不恨多，又不恨重複或相同，因爲愈相同，愈可見曼殊之生前。先生以爲如何呢？

最後我對于先生之編曼殊集，有幾點小意思，不知先生能否採納？

一，裝訂務求審美，有藝術的意味。

二，曼殊的照片，最好能找原照製銅板，因爲坊間所見者，皆太模糊不清，即不能找着，亦當另畫一張，而能惟肖者。

三，曼殊的畫，應當就收集所得。盡量印入集內，因爲曼殊之畫，實即曼殊天才之表現。
四，曼殊之書牘，最好能將原信印入，以保存眞墨跡。
五，曼殊所作之詩，皆其心熱，最好能加以簡單之箋註，先生問之亞子老先生，可得明瞭。
六，本集最好不照普通分爲詩，譯詩，小說，隨筆，書牘，等類，依其所作大略的時期，分期而編之。
七，曼殊大師生前雖極浪漫，現在于其身世，已不能洞悉，若再數十年後，則更不能有所知，先生能就亞子老先生所知者，編一年譜，此層所供獻者極大。
八，關于大師之佚事，宜多刋入。

說了許多，有費淸神，不情之處，仍請原諒。即問您的安好！

——馬仲殊。

曼殊大師佚事一則

馬仲殊

——陳佩忍先生所說

曼殊之居滬也，行益浪漫，蓋刦後之生，遭世有難言之恫之曼殊，更不惜其身，而倍受創痛，特人未能悉其早年之飄流哀豔之情史，殊足憾耳。

曼殊誠所謂「不解人事不辨稻麥」者。一日，從友人處得幣紙十數張，興之所至，即自詣小南門購藍布袈裟，不問其價，即付以二十元，店夥將再啓齒，欲告以所付者過，而曼殊已披衣出門十數武，所餘之幣，于途中飄落，歸來問其取數十元，換得何物，則惟舉舊袈裟一件雪茄煙數包見示耳。

滬居多暇，每十時許起身，人多稍食點心，即用午膳。晨起，問其食湯包否，彼不答他去，人不爲異，而曼殊已買得一籠，食其大半，腹漲難受，則又三日不能起牀矣。

曼殊得錢，必邀人作青樓之遊，爲瓊花之宴。至則對其所召之妓，瞪目凝視，曾無一言，食時，則又合十頂禮，毫不顧其座後尚有十七八妙齡女，人多爲其不歡而散。越數日，復得錢，又問人以前之雛妓之名，意蓋有戀戀者，人爲引之其處，而曼殊仍如前此之態，終于不言而回。亞子謂其「姹女盈前弗一破其禪定」，而曼殊殆一傷心人別有懷抱者。

曼殊善續事，每于清風明月之夜，振衣而起，匆卒間作畫，既成，卽揭友人之帳而授之，人則僅受之可耳，若感其盛意，見于言詞，語未出口，而曼殊已將畫分爲兩半矣。

曼殊一生，事多類此，人謂其浪漫，實眞活佛也。

關於曼殊大師

劉佩南

無忌先生：

讀語絲，敬悉令尊搜集曼殊上人的作品，編印全集，不勝欣幸。茲寄上上人的詩九首，及有上人燕子龕隨筆的禮拜六週刊一冊。細閱一〇一期語絲，似不在所述各書之內。

現大東書局印行的紫羅蘭小叢書，有燕子龕殘稿一種，不知與語絲上所說的燕子龕殘稿相同否？又該局周瘦鵑的紫蘭花片第六集內有調箏人一文，是說上人與百助女史的事。可惜這兩本書不在手頭，未能奉上。不知你見及否？

我藏有東京神田印的深藍色洋裝封面的潮音，內有黑地白字「潮音」兩篆字，及紅色「拜輪遺像」，墨色僧裝西裝「曼殊阿闍黎獅子國造像」，藍色下題「福王少小風流慣，不愛江山愛美人」的石像……如需此書，當即寄上。

寫到這儿，使我憶及在西湖孤山之陰所見的「曼殊大師之塔」。碑文簡略，歲數又缺一字，不悉出自阿誰手筆？殊不足以傳上人。全集之輯，實爲我們所最深望的了。

劉佩南于威縣河北寨。十二月十四日。

關於曼殊大師

盧冀野

無忌君：

連日課餘，偶閱語絲，見足下與尊翁所撰各文，關於曼殊者，讀之有所感。蓋予亦有嗜蘇之癖，其人雖未嘗有一面之緣，友輩中頗有與之相識。陳師佩忍言其逸事尤夥，惜俗事冗繁，不然尙可紀述一二。趙景深君謂焚劍絳紗二記係柳簃作。柳簃姓金，名鼐，字煦生，南京人，現任新聞報編輯，人在漢口，白采之說全非也。惟悲慘世界一種，予聞後部係獨秀續撰，事或近是，尙乞採訪。曼殊全集發行，實爲目前最迫切之工作。靑年中愛讀曼殊作品者極多，而彙齊印行者，尙無一較完美之本，殊令人失望。予有關於輯集及紀念曼殊之編著，計曼殊說集一冊，燕子山僧詩鈔一卷，燕子僧雜劇一卷，特檢出寄奉。詩鈔中或有一二未見過者，如贈小隱，無意中見得。非夢記亦頗費事假得小說大觀轉印者。不識能對于諸君子搜求考定工作上有些微之助否？燕子僧雜劇，南中友輩均已見及。此爲予十種曲之一，曾刋東南論衡。此書明年可一一告竣，擬合刋二冊。屆時當奉贈，幷請賜敎。雪夜草率書此，不盡欲言。盧冀野上。臘七之夜，南京。

無忌案：贈小隱一詩係汪精衞先生獄中之作，見南社第十集，盧君以爲曼殊詩者，諒誤。

給柳無忌的信

陳槃

無忌先生：

閱語絲一〇一期亞子先生「關於段菴旋燕子山僧集的我見種種」和一〇八期「蘇曼殊我觀」篇後先生的按語，敬知先生賢父子發願編輯「蘇曼殊集」，「供愛讀曼殊作品的人們……得着……安慰」；而「其他關于曼殊的東西」也「一併編入」，我是愛讀曼殊作品的一個，聽到這個好消息，不消說自然「不勝雀躍」了。

一年以前，曾得到「關係于曼殊的東西」一件。現在不敢自珍，特介紹給先生以完全先生賢父子編輯「蘇曼殊集」的宏願，但不知先生樂聞否？

這件東西，是我的在中學時的一位青年業師——他的名字叫「黃海章」，別署「黃葉」。前廣東高師卒業。他是一位耽于內典，預備將來做和尙的學者。現在他將近三十歲了，過的還是獨身生活呢。

——集曼殊句七絕五首，錄之如下：

（一）

年華風柳共飄蕭，贚有山僧賦大招。日日思君令人老，遠山眉黛不能描。

（二）

中原何處托孤踪，碧海雲峯百萬重。春色總憐歌舞地，涉江誰爲采芙蓉。

（三）

獨向遺篇弔拜輪，燈前蘭麝自氤氳。相逢莫問人間事，兵火頭陀淚滿樽。

（四）

香火重生刧後灰，排雲誰與望樓臺。分明化石心難定，欲把明珠寄上才。

（五）

尙留微命作詩僧，縱有懽腸已似冰。雨笠煙簑歸去也，生天成佛我何能。

——集曼殊句寄敬軒先生及秀山諸兄——

末了。並祝道安！陳槃拜啓。一九二七，一，十五于廣州中山大學。

給柳無忌的信

羅建業

無忌先生：

十二，十四——不覺已是去年了——收到所惠函，幷承惠贈曼殊照片，我眞歡喜極了。不知要怎樣的答謝您才是！

來書本該早復，爲是等續定的語絲，一直等了個足月，眞是對不起。

想說的話太多，（有些和您不同的，有些是您們討論範圍之外的。）答信寫了幾千字，還不干休。只好提出，索性整理得較成片段，然後就正有道罷。

所屬各事，現在且先投答覆：

長壽寺是廣州五大叢林之一，岑春煊督粵時將他拆了，遺址即今長壽里。在清季給新學暴徒毀為墟市的就止有他。

慧龍寺或說是光孝寺，未可信。按光孝寺又名訶林，漢虞翻讀書於此，是很有名的古蹟。俗有「未有羊城，先有光孝」之謠云。

國民新聞的曼殊特刊，是他們於某一天在副張上所另立的名目。尊翁所聞，想亦即此。可惜我寫信和他要，到今竟如泥牛入海，全無消息。現在（恰好此刻）得敝友來信，說此刊他也看過，「未有什麼精彩，不過抄幾首譯詩，和有頭無尾的斷鴻零雁記罷了」云云。那末就此拉倒罷。

陳去病先生的建塔院疏，今爲錄出寄上，希爲察收。文中「顧厨」二字，疑用西晉顧榮事，對否？順望相告。

近在廣州公評報，見到一位署名洎紅生的，有一篇記曼殊上人。此文造語，多未洽當，實非高手。以其頗有異聞，除一二處遺奪，以意校補，加（　）表明外，悉照原文抄出寄上。先生得毋有疑問滋多於是之感耶？

今日得一一二語絲，見到令尊絳紗記考証。提及的皇娘書院，當是那 Queen's College，普通叫皇仁書院。是香港一間很大的學校，生徒甚衆，現在依然存在。（可惜我絳紗焚劍兩記都未見過。）

屬發表徵求啓事，容當設法，先生且勿怪其遲緩。我此時鄉居，離省幾百里，交通又不很便利。反正此事又須托人，請給我以時間的容與罷。

承您好意，屬我整理稿子。（來信說的東西，當卽指此。）我上面已略說過，借您的光明的啓示，或能早日就敎罷。

我所得到關於曼殊的材料，很貧乏。除了一本山僧集之外，却一無所有了。借抄又恐怕不方便，只有望您擬印的全集，早日出版罷。（有關曼殊史料的，望摘要見告。）

在您的畫集未刊出以前，我很想得一本曼殊的畫册，不審你能替我設法搜購否？這是很麻煩的一回事，您亦不以余求在禮爲背否？

潮音跋紀年表似有誤點，不過長話頭太長了，遲日再說罷。

我們對於斷鴻意見，大體都一致，只是說話的毛病。又莊湘我以爲未必又叫（或姓）羅弼。

葛克信先生既說有天笑的百助照片，我以爲宜向他借得，複製插入集中也。她和大師的關係，便與但底之彼德淑麗一樣，您說對嗎？

（我以爲靜子是影射她，說詳後文。）

敬祝新禧！

羅建業頓首。一月十九。

記曼殊上人

泪紅生

上人蘇姓，名玄英，道號曼殊，粤之中山縣人也。父經商櫻島，娶日婦，因生君。故君身形面貌，亦酷類日本人。君生性淡泊，不嗜名利。工詩善畫，握筆成文。演爲小說，亦清麗可誦。佯狂放浪，不矜小節。風流儒雅，有名士風。年十五，肄業於日本之早稻田大學。成蹟卓絕，試冠亦曹。頭角崢嶸，識者早喻爲上駟。後以父病歸國。父尋卒，而君母亦歸日本。君感懷身世，益不自聊。乃削髮爲沙彌，古佛青燈，願以紅魚終老。然不能與衆僧合，仍著俗服，一如常人。

當時朝野士夫，皆深爲扼腕。而不知君之所以皈依蓮座，了却塵緣，固大有一傷心情史在。初君在日本，與一日女名菊子者洽，兩情繾綣，早詠同心。菊父公爵某君，亦器君爲人，故兩人婚事，早已默許。惜君以父病反國時，菊子以疾卒。芳魂一縷，玉殞香消。君聞信大慟，幾不欲生，故有此舉。然自此益頗放蕩，旁若無人。嘗遊蘇滬南洋印度等地，與海上諸文士結文字因緣。習梵文及英文。並著有燕子庵殘稿，斷鴻零雁記，絳紗記，焚劍記等書。一時刋出，譽滿藝林。斷鴻零雁記爲自寫身世而作，故益覺珍貴。畫參中東之法，貫通融會。不甚著墨，而俊秀之氣，溢於楮表。不甚多作，得者珍之。民國以前，從日本革命諸烈士遊，故又富革命思想。與章太炎氏居尤久，其文字常得太炎潤色。故所譯英文擺倫詩，中多奇字，人不識也。聞於民國四年以肺疾卒於海（上）某醫院，惜哉！

答羅建業先生

柳亞子

去年在無忌處看到羅建業先生給我的一封信，我曾寫就還信，想在蘇曼殊年譜及其他一書上發表，但此書因印刷的關係，至今尚未出版。前天又在無忌處看到羅先生給他的信，不覺手癢起來，再來參加討論一下吧。

羅先生証明長壽寺是廣州五大叢林之一，在清季被岑春煊拆毀，這是一件很有關係的證明。但拆毀的年月，最好請羅先生再去考查一下。如果能証實確在一八九六年，（即民國紀元前十六年，清光緒二十二年丙申。）則我的曼殊十三歲東渡說，更加得着有力的保障了。

慧龍寺或說是光孝寺，我也未敢相信，除非羅先生能在廣州府志或廣東通志上查出光孝寺又名慧龍寺的証據。我疑心慧龍寺未必一定在廣州城內，或在其他的屬縣，也未可知。但慧龍寺一定是一座古寺，在歷史上或者很有名氣。因爲在曼殊的著作內，屢次提起慧龍寺。（如梵文典自序稱慧龍寺博經，畫譜自序稱慧龍寺曼殊，阿輸迦王表彰佛誕生處碑譯文稱慧龍寺沙門曼殊，又絳紗記內稱「逕詣慧龍寺披鬄」。）而對於他眞眞出身所在的長壽寺，反而不見提起了。（除斷鴻零雁記改做常秀寺外。）

國民新聞的曼殊特刊，我總希望羅先生能够找一份給我們看看，不管牠有沒有精彩。

陳去病先生的建塔院疏，承羅先生鈔示，很感激。此文我們曾向陳先生索取，據云印好的都被他人取去，即底稿也失掉了。疏內說曼殊以七年五月二十二日示寂上海廣慈醫院，這二十二日的日子，是陳先生弄錯的。我已找到七年五月三日的上海民國日報，內有汪精衛先生等具名的曼殊上人圓寂訃告；內說：「曼殊上人蘇元瑛師，於五月二日在法租界金神父路廣慈醫院示寂」，這是一個最有力的證據，可以無須再生疑問了。又查民國日報，七年的陽曆五月二日，就是陰曆三月二十二日；大概陳先生記了陽曆的月份，又記了陰曆的日子，拿來混合在一起，所以有此差誤吧。（疏內「顧厨」兩字，是用後漢書黨錮列傳「八厨八顧」的古典。我手邊沒有本書和辭源，不能詳告，只好請羅先生自己去一查了。）

公評報汨紅生的一篇記曼殊上人，很有些古怪。他說曼殊十五歲肄業於日本早稻田大學，恰恰和我們的假定符合。但他把曼殊的父親（這當然就是我們所指爲曼殊的義父粵人蘇某，而不是生父宗郎。）的死期，移下了若干年，和一切傳說都不合。這大概和他下文內把曼殊自己的死期，移上了若干年，同一的不足憑信了。曼殊和日本公爵女公子菊子的戀史，却是一個新發現。不知汨紅生究是何人？此事得諸何人傳說？羅先生能就近加以訪問否？

羅先生要得一本曼殊的畫册，恐怕一時做不到。通稱爲曼殊遺畫的一本小册子，是蔡哲夫先生所編印的，並非賣品，所以無從搜購。蔡先生是廣東順德人，從前住在廣州，近來久不得他的消息，有人說他到香港去了。羅先生如能就近找到他的住址，或者還有向他索取畫册的希望。

我的潮音跋紀年表，並不是任意杜造的，其重要的根據，在一九〇三年曼殊任上海國民日日報繙譯的一件事情。因爲國民日日報出版在是年八月，至本年十二月即被封，（以上依陽曆計算。）那是「有報爲証」的。所以我此表就把這一年做中心點。這一年以後的年歲，大概都有別的考據。這一年以前的年歲，是根據曼殊十二歲披鬀在一八九五年，而把潮音跋上的事情，來順序分配的。至於斷鴻的年歲，我是根本上不信任牠。羅先生說此表似有誤點，還望列舉事實，以便共同商榷。

羅先生在前次的信上，說羅弼牧師卽瑪德利鶻湘處士，是和我主張相合的。但此信內又說「莊湘我以爲未必又叫（或姓）羅弼」，未知何故？（鶻是壯的古體字，莊壯一音之轉，所以鶻湘就是莊湘。）把莊湘和羅弼扭合做一人，幷斷定羅弼是姓，莊湘是名，粗看似太近武斷。但倘然說曼殊有兩個關係最密切的英文敎師，同是西班牙瑪德利人，（瑪德利是西班牙都城之名。）同有女公子，同和曼殊有情愫，後來又同在南洋重遇，我覺得又過於湊巧了。世界上恐未必會有如此巧事吧？說羅弼是姓，莊湘是名，當然是我的杜造。但斷鴻稱羅弼牧師女爲羅弼氏，（第十九章靜子問三郎語。）而潮音跋則稱第五女公子雪鴻。照我的講法，似乎還不算矛盾。未知羅先生以爲如何？

葛克信先生處的百助眉史照片，我們已向他借到，是從上海大東書局出版的半月雜誌第三卷第十六號倡妓問題專號上剪下來的。此照片又曾在上海文明書局出版的小說大觀第五集上登載過。半月雜誌和小說大觀，我處也都弄到。但半月雜誌上的照片是紫色的，而小說大觀上的照片是紅色的，所以都無法翻印。（我已從半月上翻印一張，甚糊塗。）我們知道原片是包天笑先生所有的，曾託人去向包先生借過。但據包先生說，當時交文明書局製版後，並未收還，現在當尚在文明書局。包先生已答應去找，但未知能找出否？

羅先生以爲靜子是在影射百助，我不敢贊同。因爲百助是一個妓女，身分和靜子不同，斷無把靜子來影射她的道理。在我的斷鴻零雁記之研究一文內，曾有一段講及此事。此文已收入蘇曼殊年譜及其他一書中，俟將來出版後再請羅先生指敎吧。

一九二七，二，一三，柳亞子。

給柳無忌的信

范曾浩

無忌先生台鑒：

啓者，近期語絲刋物，多載曼殊大師事蹟作品，幸甚。余愛讀大師作品，則自斷鴻零雁記始。以後散刋書報者，閱亦多。惜無珍藏，悵甚。近見潮音跋之一文，與前作品合讀，足證其爲自傳也無疑矣。

曼殊大師，身世未詳。然在其作品，得覩其一二。大師曰：「遭世有難言之恫」，究竟大師難言之恫在何處？有謂因其慈母之關係，但余在潮音跋及鴻雁記中，固知其爲母事。然謂其情塲失戀，亦非無因。

據斷鴻零雁記事實，知其得見慈母者，其功在其未婚妻雪梅，及乳娘之授地址。而亞子先生謂乳娘事皆虛也，觀此則功全在雪梅。抵日本見慈母，不幸又有情種靜子相纏，卒毅然隻身別慈母，走上海，豈非大逆耶！使老母痛呼搶天而不應，大師無乃太忍乎！余據書中事實，探其因果如下：

大師非不愛其慈母也，非不愛靜子也。其對於靜子，謂：「慧秀孤標，好女子也」。又曰：「靜子慧骨天生，一時無兩，寧不令人提敬」。故知其心甚愛靜子，欲與之結婚。有：「繼余思日俗眞宗，固許帶妻，且于刹中行結婚禮式，一若景教然者」。迨後再思，靜子天生慧質，種下情根，心甚慕之；然細思自己得見母親，皆未婚妻雪梅之賜；以一弱質女子慘遭家庭壓迫而不懼；及聆大師東歸尋母，毅然與之百金，更不辨其眞僞。「嗟乎三郎！妾心終始之盟，固不忒也！若一旦妾身見抑父母，妾祇有自裁以見志。妾雖骨化形銷，至千萬刦，猶爲三郎同心耳……」足見雪梅之愛曼殊矣。大師亦知之，故曰：「知彼姝所以許我者良厚」。今若一旦與靜子結褵，實大對雪梅不住。故曰：「余諦念彼姝，抗心高遠，固是大善知識；然以眼波決之，則又兒女情長，殊深畏怖。……吾前此歸家，爲吾慈母；奚事一逢彼姝，遽加余以爾許纏綿婉戀，累余亟身於情網之中，負己負人，無有是處耶？嗟乎，繫於情者，難乎尤怨，歷古皆然。」按其「負己負人」句，語含雙關也。其對母言：「慈母諦聽，兒撫心自問，固愛靜子……亦非敢抗撓慈母及阿姨之命，此實出諸不得已之苦衷…………」等句，皆紀實也。

曼殊忍心別慈母棄靜子者，余意謂其欲覓其未婚妻雪梅，與之婚，共之日本，然後再與靜子結婚也。又誰料雪梅慧質，玉碎珠沉何？此實曼殊大師精神受莫大之打擊也。故曰：「衲本工愁，云胡不感？」（見燕子龕殘稿。）「天下女子，皆禍水也。」（見碎簪記。）故常曰：「而遭逢身世，有難言之恫」矣。（見潮音跋。）以上所述，可見大師最富情感之人，偏偏加以如許煩惱，無怪其行爲類于浪漫也。其酷嗜雪茄，蓋本「酒可解愁」之意乎。

然余又細觀大師鴻雁記作品，其未婚妻雪梅，恐是假託。雖有證據，恐余引証不確致誤，深望明者敎我！

大師曰：「雪梅者，余未婚妻也……在余義父未逝之先，已將雪梅許我……」此雖未明言與雪梅何時定婚，余意必在歸國之後，則大師之母，必知此事。蓋世傳其母親到粵一行，後或因其子義父逝世，爲家族不容，故不得已返國，何以其母在日本見大師後絕不提及雪梅事？又大師見乳娘時，何以不問雪梅近況？迨遇後始告之，豈大師忘之耶？此一疑也。

「余旣辭海雲寺，即駐荒村靜室……」「一日，余以師命下鄉化米，量之可十餘斤。負之行，思覓投宿之所……曰余爲波羅寺僧……」可見大師所謂「卽駐荒村靜室」，殆指波羅寺乎！（按：波羅寺在南海波羅村，詎廣州不遠，數小時可達，而香火至今甚盛。潮音跋云「南海波羅寺」，卽此也。）然乳媼家居黃葉村，而雪梅家亦去不遠，以行一日路程度之，黃葉村距波羅寺必不遠。但海雲寺余不知其在何處，而潮音跋內有言「坐關三月，詣雷峯海雲寺」句。

惟斷鴻零雁記內有言：「逾歲始抵橫蒲關，入南雄邊界，既過紅梅驛。」「……余二人遂辭舟子，向楓林摩道而入。既至山門，繚垣傾圮殆盡……法忍捫碑上題詩，讀曰：十郡名賢請自思……此澹歸和尚貽吳梅村之詩也。」而燕子龕隨筆云：「金堡祝髮後，居吾粵丹霞寺（按：丹霞寺在仁化縣丹霞嶺上。）……昔余行脚至紅梅驛破寺龕傍，見手鈔澹歸和尚詩詞三卷……猶記其貽吳梅村一律……詩曰：十郡名賢請自思……」同是一詩，一言離紅梅驛甚遠，須捫碑而讀；一言在紅梅驛破寺龕傍，見手鈔的。豈非矛盾乎？

然曼殊見潮兒之破寺，（即舟子言：「此即懷庵古蘭若也」。）在曲江左右，即俗稱韶關。而黃葉村及波羅村在廣州附近。然曲江至廣州，雖有粵漢鐵路，然亦須一日方到。何以有「遂向雪梅故鄉而去，陸行假食，凡七晝夜，始抵黃葉村」句？以現今觀之，曲江至廣州，陸行不得有崇山峻嶺阻隔，斷無七日可抵也。其矛盾有誤自見。此二疑也。

鴻雁記內有：「入夜，余作書二通，一致吾乳媼，一致羅弼牧師。二書均言余平安抵家，得會吾母。」可見大師關心其師及乳娘也。何以獨給百金之未婚妻雪梅，幷無隻字耶？若謂忘地址，則可託潮兒暗中通知可矣。何以絕未提及？此三疑也。

有上三點，余已証明黃葉村前後矛盾，故余斷定雪梅或恐是假託。但上列三証，恐引錯耳。余書至此，更有一証。潮音跋內，有：「嘗從西班牙莊湘處士治歐洲詞學，莊公欲以第五女公子雪鴻妻之」句。又在鴻雁記內：「……前接香江郵筒，中附褪紅小簡，作英吉利書，署羅弼氏者，究竟誰家掃眉才子，可得聞乎？……奈何以此蟹行鳥絲，惑我三郎，快快至此田地……」然此「惑」字，是否內含他意？余不知。味其言，有蠱惑我夫婿之意。則觀此，大師與其有情耶？若雪梅之事不確，則此東歸百金，必爲彼姝所贈也。又有：「牧師夫婦爲余置西服……其女公子曳蔚藍文裙以出，頗有愁容；至余前殷殷握余手，親持紫羅蘭花及含羞草一束，英文書籍數種見貽。」觀此，牧師夫婦及其女公子固甚摯愛大師也。而大師抵日，行裝甫卸，卽寫平安信，足証其念念不忘雪鴻父女。然則雪梅卽雪鴻，（卽牧師第五女公子，見潮音跋。）然耶否耶？

大師東歸尋母，究在何年及幾歲？而潮音跋紀年表謂爲十三歲。（一八九六年。）但余謂其在十六十七歲之間，理由如下：

在潮音跋，有「年十二，從慧龍寺主持贊初大師披剃於廣州長壽寺」句，已明言十二歲爲僧。又言：「……旋入博羅，坐關三月。

詣雷峯海雲寺，具足三壇大戒。」普通僧人，具足三壇大戒非甚易。大師雖慧，斷無一年之內，便可三戒俱足。又細思十三歲時，尚未成年。然謂大師天生慧質，亦斷不能以十三歲幼童，能隻身渡洋之日本見母者。此其一也。

跋言有「嘗從西班牙莊湘處士治歐洲詞學」句，則大師學歐文當在何年？而斷鴻內已明言先到其師處，由師代置西服，方之日本，足証在十二歲之前。又斷鴻內已明言：「此爲吾養女，今年十一，少爾五歲，即爾女弟也。」明言是十六歲也。俗說及生理學者言，人生十五六，情竇方開。在鴻雁記內，記靜子之與大師之情，與大師對靜子之感情，瞭如指掌。又有：「爾長三郞二十有一月，卽三郞爲爾阿弟……」則知靜子長曼殊兩歲，同在情竇初開之時，故其鍾情如此。其母有句：「吾決納靜子爲三郎婦矣。」此句在何時所講？未敢斷定，吾意當在歸母一年之內。然則以十四歲之幼年曼殊，其母便爲之結婚乎？此其二。

又在隨筆內，有：「余年十七，住虎山法雲寺……後辭師東行五載……」可見大師十七歲時，尚未東歸尋母。此其三。

故余斷定曼殊大師東歸尋母，當在十六七歲。潮音跋紀年表內謂其在十三歲，恐有誤矣。

余書至此，猛憶前段謂不知海雲寺在何處，今見隨筆內此段，余可按語尋其踪跡。

「余年十七，住虎山法雲寺……師傅居羊城，頻遣師兄饋余糖果餅餻甚豐……」余恐虎山法雲寺之「法」字爲「海」字。蓋同爲水旁，或書時偶誤，或排印時偶錯，亦未可知。若謂法雲寺即海雲寺，則當距廣州不遠。以「師傅居羊城，頻遣師兄饋余糖果……」句，若海雲寺距廣州遠，則甚難頻頻贈糖果。加以「余既辭海雲寺，即駐荒村靜室……」句，若海雲寺離荒村遠，何以有「即」字？可見海雲寺當在黃葉村附近，即距廣州不遠也。

余爲廣州人，惜旁無廣州府志，不能將黃葉村及海雲寺一查其所在。他日覓得，當必細查也。

余與大師並未見過，身世如何更不知。不過偶閱潮音跋，引起憶及他作品，偶有所觸，碎書四紙，殊覺無謂。足下與大師久交遊，當詳其事蹟，幸時賜我教言，藉知大師身世。大師在社會鮮見之品，有餘者能賜一分，弟所企望也。弟在廣州，極力搜尋大師著作，若有所得，當即奉上也。耑此，並頌學祺不一。弟范會浩謹啓。一月二十二日，於廣州越華路。

答范曾浩先生

柳亞子

無忌把范曾浩先生關於斷鴻零雁記的信給我看，要我加入討論。現在把我對於此信的意見，寫在下面，還請范先生指敎。

范先生說：「亞子先生謂乳娘事皆虛也。」此語有一點誤會。我對於斷鴻零雁記的態度，始終以爲牠是曼殊非正式的自傳，始終以爲牠只有部分的可以相信。換一句話說，就是我並不主張牠裡面所講的，句句是眞話；但也並不主張牠句句是假話。關於斷鴻全書是如此，關於三郞乳媪一節，也是如此。我以爲曼殊的油瓶身世，在當時自然不是完全秘密，但也並不是完全公開。因爲幷不是完全秘密，所以蘇某的大婦，和蘇氏的族人，當然是知道的。因爲並不是完全公開，所以河合氏未必把一切情形，傾筐倒篋地告訴乳媼。照我的理想講來，乳媼大概眞有其人，三郎東渡前遇見乳媼，大概也眞有其事，不過乳媼告訴三郎時，大概只能說到他生身母親的地址爲止。至於生父宗郎的一段歷史，在三郎東渡以前，未必就會知道；因爲在情理上講起來，河合氏幷無把這段歷史來告訴乳媼的必要，當然乳媼也無從轉述於三郎了。我在對於飛錫潮音跋的意見一文內所說，大略意見是如此，不過當時寫得太簡單，所以引起范先生「謂乳娘事皆虛也」的誤會，是應該在此地說明的。

我對於雪梅和靜子的情史，也以爲只有部分的可信。我相信雪梅是三郎的未婚妻，在三郎的義父死後，雪梅家中提出絕婚的問題，而雪梅不欲，終於因此侘傺以死。我又相信靜子是三郎的表姊，她對於三郎曾有戀愛的表示，而兩家的母親也贊成渠們的婚事，但結果是沒有成功。這都是大概的事實。至於照書中所說，三郎爲雪梅而出家，因賣花重遇雪梅，雪梅贈金促三郎東渡；以及三郎東渡以後，靜子立刻表示戀愛，兩家的母親立刻逼迫訂婚，三郎因逃愛而棄家；我却以爲並非事實。因爲照章太炎曼殊遺畫弁言上所講，聘妻絕婚是在曼殊出家以後，是因出家而絕婚，並不因絕婚而出家，因果恰恰相反；又據潮音跋，東渡後奉母居神奈川，學泰西美術於上野二年，學政治於早稻田三年，學陸軍八閱月，並沒有東渡後未滿一年，即逃愛棄家重還中國的事情。這豈不是顯然矛盾嗎？我對於雪梅和靜子的情史，只有部分的相信，而並不能完全相信，其理由就在於此了。

還有，我以爲小說體的自傳，在敘事方面，無論如何，不會件件是眞實的。譬如紅樓夢是曹雪芹的自傳，釵黛是雪芹的戀人，那差不多是已經論定的事情：但紅樓夢裏面，敘事前後矛盾的地方，當然很多很多；倘然說書中所講釵黛的歷史，完全眞實，那就未免過於刻舟求劍了。斷鴻的講雪梅和靜子，也可以作如是觀。有一句題外的話，我以爲斷鴻的講梅靜，很和紅樓的講釵黛相像；雪梅戀三郎在先，終於爲三郎而死，頗類黛玉；靜子拚命想和三郎結婚，結果使三郎棄家而去，頗類寶釵。也許曼殊此書的布局，多少受一點雪芹的影響吧。

照上面的話歸結起來，雪梅和靜子，在本書的事實上是天外雙峰，互相對峙；在本書的布局上，也是如此。所以講她們是眞的，便兩個人都眞；講她們是假的，便兩個人都假。范先生十分相信靜子的事情，而獨疑雪梅是假託，未免有些偏袒不平。范先生提出證據三點，我都可以替雪梅做辨護的。第一，范先生提出可疑的證據，是河合氏在日本見三郎，和三郎見乳媼時，都沒有提起雪梅。我以爲就書中事實而論，河合氏是並沒有知道三郎和雪梅訂婚的。據本書第三章講，三郎生母抱三郎潛行來粵後，居三年即返日本；但三郎義父的去世，却在三郎生母返日以後；中間距離，並不十分短促。所以我們可以假定，三郎和雪梅的訂婚，是在生母已去，義父未死以前，那末河合氏當然沒有知道三郎和雪梅的事情了。（假使河合氏知道雪梅的事情，斷無逼迫三郎重與靜子訂婚的道理。）至於三郎見乳媼時，何以不問雪梅近況？那也很容易解釋。照本書第五章講，三郎義父死後，雪梅的生父繼母，都有悔婚之意，而雪梅不肯；三郎恐怕雪梅因自己而受苦，所以把出家來犧牲自己，成就雪梅。照這樣講起來，出家前的三郎，已甘心拋却雪梅；出家後的三郎，爲什麼又要問雪梅近況於乳媼呢？這范先生的第一疑，我以爲不必疑了。第二，范先生舉出本書地理上的矛盾，還有本書和燕子龕隨筆所載瀏歸和尚貽吳梅村詩發現地點的矛盾，也以爲是可疑的証據。但照我講來，可以說全不相干。

小說只是小說，並不是地理教科書；縱使從韶關到廣州，本來只有一日路程，本書弄成了七晝夜，那於雪梅的假託與否，有何關係？至於澹歸和尙云云，尤其是節外生枝了。所以范先生的第二疑，我以爲更加不成問題。第三，范先生疑心三郎到日本以後，就寫信給乳媪和羅弼牧師，何以獨獨忘却了雪梅？但照書中情形而講，雪梅贈金促三郎東渡，是要叫他設法解決婚姻問題的；而三郎東渡以後，因防生母傷心，把「爲僧及雪梅事，都秘而不宣」。如此，則三郎這一次東渡，對於雪梅的問題，實在是毫無把握，又何從寫信給她呢？范先生的第三疑，又不免落空了。還有，范先生說羅弼女公子就是雪鴻，和我的主張完全相合；但又說雪鴻就是雪梅，却未免過於牽强。我在上面說過，我是不相信雪梅贈金促行的事實的；（這是講眞眞的事實，和本書上的事實又不同。）而雪鴻的父親，却和曼殊的確有很好的情誼；所以倘然說曼殊的東渡，由於雪鴻父親的資助，在眞眞的事實上並非不可能。但講書中的事實，却決不能拿雪鴻來替代雪梅。其原因很多：第一，雪梅是中國人，雪鴻是西班牙人，國籍先不對；第二，雪梅是父母絕三郎婚，雪鴻却是其父欲妻曼殊，事實又不對；第三，雪梅玉碎珠沈，而雪鴻却至一九〇九年還與曼殊在南渡舟中相見，（據曼殊與高天梅論文學書。）年壽更不對了。所以范先生懷疑雪梅假託之說，我以爲是絕對不能成立的。（倘然要主張雪梅是出於假託，除非主張斷鴻零雁記全部的人名都是假託；即書中的三郎並不是曼殊自己，而靜子等也通通是並無其人，才可以講得過去。）

但是，所以會使范先生懷疑的原因，當然是在斷鴻的本身。我也以爲書中的三郎太荒謬了！既受雪梅贈金而東渡，何以東渡見母後把雪梅事完全抛在九霄雲外？（甚麼恐防生母傷心的話，顯然是無理由的託辭。）但從本書的布局講起來，假使三郎不把雪梅抛在九霄雲外，又有什麼辦法呢？三郎的母親是一個賢明的母親，倘然知道雪梅忍死以待三郎，難道還能抛撇雪梅，逼迫着三郎去和靜子訂婚嗎？靜子又是一個慧秀孤標的好女子，難道一定要成就自己，去破壞雪梅嗎？照這樣講下去，如果在書中寫出三郎東渡以後，就奉了母命，重返廣州，去找雪梅，而雪梅的父母，仍舊堅執不可，致雪梅一死以殉三郎；或是三郎去遲，雪梅早已玉隕；雖然還能保存本書悲劇的意味，但靜子的一段戀史，不完全犧牲了嗎？我在上面說過，雪梅靜子都是曼殊的戀人，是眞眞的事實；自然結果兩人都不能和曼殊結婚，也是眞眞的事實；而中間一切的經過，在眞眞的事實上講起來，當然不和書中的事實相同。曼殊做這本斷鴻零雁記，本意在描寫兩個戀人；但倘把眞眞的事實寫上去，便不合小說的體裁；所以只能把眞眞的事實掩去，而另外造出書中的事實來，以替代眞眞的事實。這便是作書者的苦心孤詣。參透了這一個消息，當然書中的三郎，便不能不暫時拋撇雪梅，而荒謬一下了。范先生要替書中的三郎挖全，說他棄母返粵，是要先和雪梅結婚，然後再東渡和靜子結婚，這固然是范先生思厚待人的好意，可惜只是受了著書人的欺騙了。范先生以爲如何？（眞眞事實的詳細情形如何？我們當然無法知道。不過我可以斷定說，當然不會和書中的事實是一模一樣的。）

以下，便要講曼殊東歸尋母的年歲問題了。

范先生根據斷鴻零雁記，說曼殊東歸尋母，是在十六歲，因此駁我十三歲之說爲有誤。其實斷鴻的十六歲東渡說，我早已知道；不過我不能相信牠，因爲和眞眞的事實，太相矛盾了。我在蘇玄瑛新傳考証一文內，曾有關於此問題的討論，轉錄如下：

跋言：「年十二，從慧龍寺主持贊初大師披鬀於廣州長壽寺。」而不言其東渡之歲。記文亦無年歲。唯河合氏謂三郎云：

「此爲吾養女，今年十一，少爾五歲，卽爾女弟也。」則玄瑛是年當爲十六歲。然跋言玄瑛歸日後，學泰西美術於上野二年，學政治於早稻田三年，學陸軍八閱月。又至扶南，隨喬悉磨長老究心梵章二年。又歸入西湖靈隱山，著梵文典八卷後，始至滬上，爲國民日日報繙譯。截長補短，至少須八九年。而國民日日報出版之歲，爲民國前九年癸卯，玄瑛年二十。若以十六歲東渡計算，中間只有三年，無論如何，安排不下。且玄瑛披剃後，即入博羅，坐關三月。再至雷峯海雲寺，足戒三旬。（據斷鴻零雁記第一章。）嗣任知藏於南樓古剎。（即斷鴻零雁記所謂荒村靜室。）亡何，以師命歸廣州，知長壽寺被毀，即乘歐舶渡日本。（記則謂駐靜室後，以師命下鄉化米，爲强者奪去，遂遇乳媼子潮兒，引歸乳媼家，尋至廣州，欲詣師面別，而寺已被毀云云。）計其首尾，不及兩載。故余意玄瑛赴日本，當在十三歲春。（據斷鴻零雁記，清明後四日，由乳媼家啓行。）是歲即學美術，至十四歲止，爲二年。十五歲始改學政治，至十七歲爲三年。是歲復改學陸軍。十八歲至扶南，十八十九學梵文二年。二十歲春入西湖靈隱山，秋至滬上，恰恰符合。雖以十三齡童子孑身航海，似爲奇跡。然部署行事，羅弼牧師實左右之，或舟中亦有其他爲照料之人，未可知也。至記中所以必移東渡之年屬諸十六歲者，因如年歲太幼稚，則雪梅靜子諸戀愛事，均無從敘述。說部本託寓言，固不妨削足適履耳。唯燕子龕隨筆有「余年十七，住虎山法雲寺」云云，實為余說有力之反證。然即依記文，十六已寧家，何以十七又在法雲寺？仍不可通。且隨筆別則，又有「十四歲奉母村居」語，（一作「十四歲時隨母氏羈逗子」。）更顯相矛盾。疑玄瑛或亦誤記，不足信也。（如欲證實玄瑛十六歲東渡，只有一法：即將學美術二年改為二月，學政治三年改為三月。如此則十六歲春東渡，即學美術政治，十七歲習陸軍，十八歲至扶南，儘有廻旋餘地矣。唯太覺滑稽耳。又隨筆十七歲，仍須改十五歲；而十四歲又須改十六歲，方合。否則仍矛盾也。）

關於范先生的三個理由，大概在此段內都可以完全解釋了。所謂「具足三壇大戒」，究竟是什麼東西？我實在完全不懂，因爲我對於佛教是外行。但據斷鴻第一章：「……此日爲余三戒俱足之日。計余居此，忽忽三旬……」三旬是三十日，那末三戒俱足，只要三十天，並不像范先生所說的必需有甚長的年歲了。並且，據斷鴻第五章：「……遂掉頭不顧，飄然之廣州常秀寺，哀禱贊初長老，攝受爲驅烏沙彌……前書叙余在古刹中憶余生母者，蓋後此數月間事也。」明說自出家至足戒，只是數月間事，更足爲我上說有力的證據。至於燕子龕隨筆的十七住法雲寺，一方面既和牠自己另條的十四歲奉母村居衝突，一方面又和斷鴻的十六歲東渡衝突，實在是無法調和。我看也只好照范先生改法雲寺爲海雲寺的主張，說是「書時偶誤，或排印時偶錯」了。（照我們的推算，十七歲應改爲十二歲。）

范先生說法雲寺就是海雲寺，這倒是一個新奇可喜的發現。在斷鴻第一章，說海雲寺在金甌山；潮音跋稱雷峯海雲寺；隨筆又說虎山法雲寺。范先生倘能從廣州府志或廣東通志尋出金甌山別名雷峯及虎山的證據，這個新發現就可以完全證實了。（我以爲金甌山是總名，雷峯是分名，而虎山或是別名。）

范先生熱心於斷鴻之討論，我非常贊同。我本來有斷鴻零雁記之研究一文，已收入蘇曼殊年譜及其他一書內，他日出版，當再請范先生的指教。

一九二七，二，一一，柳亞子。

關於「十七歲住虎山法雲寺」，我還有一個理想：就是曼殊十五歲入早稻田，至十七歲已有三年，是年或曾返粤一次，住虎山法雲寺數月，重度僧侶生活。（假使曼殊眞有逃愛棄家重還中國的事情，也許就在此時。）明年十八歲再辭師東渡，在日本學陸軍八閱月後，即至扶南，至二十歲上半年返國，入靈隱山。如此，一方面可不和潮音跋衝突；一方面十七歲不必改十二歲，法雲寺也不必改海雲寺了。這也是一個解决的方法，未知范先生贊成否？

二，一二，又記。

答程筱峯先生

柳亞子

筱峰先生：

來信收到。

關於著絳紗焚劍二記的曇鸞是曼殊而不是甚麼柳簃的問題，已由甲寅原編輯人証明。這正如趙景深先生所言：「好在如今的這問題是近代人的作品，比萬古愁總容易解決得多，」不致於再有疑問發生了。

先生對於殊曼的信仰，我十分同情。我們現擬編印曼殊的全集，有數事奉託，約列於下：

1. 演生先生現在何處？曼殊所刻「二古軒主人」的圖章，請先生弄一拓本寄我，以便製板入集。如有邊欵，亦須併拓。曼殊會刻圖章，我們從來沒有知道，此事可算破天荒的新發現了。

2. 江湖獨釣一漁翁圖，究在滬上誰氏？請先生設法借出，攝影寄我。（如先生不知道，想來演生先生總會曉得的，務請去信轉問。）

3. 西泠異簡記內的「芳草天涯」一絕，我們已把牠收入曼殊詩集內了。此詩是何時所作？所謂秋影居士及碧孃，究竟有無其人？並請問明演生先生後告我。

4. 曼殊給演生先生的信，請先生悉數抄寄，並註明發信年月及地點。能攝影見惠，尤所希望。

5. 此外先生處所藏曼殊作品，如有未經發表者，統請抄寄。別人關於曼殊的作品也要。

6. 關於曼殊的言行，請先生寫出寄我。如能轉請演生先生撰一曼殊傳記，最所盼望。

以上各件，務請先生給我以滿意的答覆。通信仍由無忌轉，可到。

一九二七，二，五。

答劉佩南先生

柳亞子

佩南先生：

給無忌的信，已收到了。曼殊詩九首，已見南社叢刻。禮拜六內的燕子龕隨筆，和生活日報所登差不多，大概是從生活日報轉載的。先生所講的燕子龕殘稿，就是語絲上所講的一部。語絲上說牠已經絕版，是弄錯的。因爲去年夏天，我們曾到大東書局去問過三次，都說此書已經售完，所以我在語絲上說牠絕版。但到了雙十節以後，該書局忽然又有民國十四年八月的五版本發行了。正不知是甚麼道理？此書搜羅雖不甚完備，但差字却比燕子山僧集少了許多，也可以算是牠的特長之處。（編燕子山僧集的段君武斷得太利害，除了硬把絳紗焚劍二記不算曼殊作品外，又把 Howitt 的去燕，硬去送給師梨（Shelley），太開玩笑了。此外，差字太多，在舊詩七十七首中，就發現了十四處。）

紫蘭花片第六期，現已購到，謹謝先生的指示。

先生所藏潮音，正和我的舊藏本相同。此本流傳甚少，可視爲天壤間的瓌寶了。

西湖孤山刻石的曼殊大師塔銘，是諸貞壯先生手筆。他說曼殊歿於丁巳五月，年四十有□，都是弄錯的。我們根據民國元年壬子曼殊所填的南社入社書，是年是二十九歲；再根據民國七年戊午五月三日上海民國日報所登曼殊上人圓寂訃告，「曼殊上人蘇元瑛師於五月二日在法租界金神父路廣慈醫院示寂」，應當是三十五歲。此問題總算已有詳確的證明了。

一九二七，二，五。

答馬仲殊先生

柳亞子

仲殊先生：

從無忌處得讀先生的來信，無任欣慰。關於編輯曼殊全集的意見，略爲答覆如下：

1. 裝訂務求審美，我非常贊同。

2. 曼殊個人的照片，我處現有兩張：一張是西裝大半身，和拜輪詩選上的完全一樣；一張是僧裝小半身，面孔和漢英三昧集上的相同，但四圍被縮小了。還有一張僧裝大半身，和漢英三昧集上的完全相同，但是明信片，已經是從照片翻印的了。其餘和別人合拍的，我處現有七張。將來擬悉數製版入集。

3. 曼殊的畫，我處祗有紈扇兩柄，一柄是我內人鄭佩宜的，一柄是友人朱少屏的，現都已裱成立軸。此兩扇甚潦草，寥寥數筆，是曼殊不經意的作品。但此外簡直是一無所有了。現在正設法徵求，如成績優美，擬另印一曼殊畫集。否則只能附印在全集中間了。（照全集的意義，應包含畫集在內；但因篇幅大小不同的關係，我以爲還是獨立的好。）

4. 曼殊書牘，我處有二十餘通。將來或全數製版，或酌量選印，尚未決定。

5. 曼殊的詩，除本事十章及調箏八各首，已能証明其爲百助眉史而作，此外頗難指實。先生要我箋注，恐怕無法辦理。但因先生的提議，我却記起兩件有關於詩的軼事來：(一)無題八首，民國二年曾在上海某報上發表過，(大概是民國新聞，因此報不在手頭，無從証實。)其詩分爲數起，有贈素珍及贈桐花諸題，姚鵷雛贈素珍和曼殊作五首，即係和此；但曼殊却曾對我大叫其冤枉，說題目是被朋友們硬裝上去的。(二)吳門雜詩，據姚鵷雛說，實在是在上海做的，鵷雛海上雜事詩，有「多謝闍黎知避我，獨將本事紀吳門」一句，即指此。(雜事詩似乎也在民國新聞上登載過，此時無從搜訪，這兩句是我所記得的。)

此外，有懷二首，燕子龕隨筆作寄劉三白門。據畫跋：「乙巳，與季平行脚秣陵，金鳳出素絹索畫，未成而金鳳他適，及後渡湘水，作此寄之，寧使殷洪喬投向石頭城下耳。」詩中有「美人淚眼尙分明」一句，大概就指金鳳了。（曼殊到湖南，我們知道在癸卯年，據畫跋「癸卯參拜衡山」。但此云「及後渡湘水」，是在乙巳後。我疑心曼殊曾兩次入湘，第二次大槪在丙午下半年。因爲我們知道丙午初秋曼殊到上海，而臘尾又在上海過年；以曼殊流蕩的性質，未必會整個半年在上海閒住，則中間入湘一次，較近情理；且第二次入湘，除丙午下半年外，亦無法安置。當時我已和曼殊認識，可惜記憶力薄弱，無從爲充分的証明了。——丙午在上海過年，是我所記得的。）關於曼殊詩中的本事，我所知道的，大概是盡在於此了。

6. 先生主張編次不照普通的分類法，我以爲不甚妥當，因長短太不一致，恐怕不好看。且著作的時期亦很難確定，譬如斷鴻零雁記，我們只能據潮音跋已見著錄，定爲辛亥夏天以前所作，（胡寄塵記斷鴻零雁說民國元年作，是弄錯的。）但無從証明其確實年歲。現在我們的編次法，是分類之中參用編年，或者可使先生滿意吧。

7. 年譜已由無忌編成，不過疎漏處當然不免，希望日後能漸漸加以補充。

8. 曼殊軼事，我們知道的不很多，如有人見寄，最所歡迎。

希望先生常常給我們以搜輯和研究上的幫助。

一九二七，二，五。

與柳無忌書

鄧秋枚

無忌先生史席：

奉大示，承詢曼殊亡友畫冊題詩「海闊天空」一首；查此詩爲曼殊自作，而囑弟代題於畫上。蓋曼殊工畫而不能題，遂由弟代書。此詩「題」字當作「書」字解，便瞭然矣。尊處擬編刻曼殊遺集，甚善。殺青之日，幸賜寄一冊，以快先覩。如係賣品，當繳代價。十年未晤，佳況如何？書不盡意，此復。順頌

著安！

弟實拜　二月十五日

關於曼殊大師

方略

無忌先生：

弟向愛讀曼殊大師文字，凡大師著作，今可購得者，多已閱過。近在語絲週刊內，得悉先生欲編印大師全集，及尊君所作關於考証大師身世及著作諸文章，均得拜讀。查大師著作，漫不成編，今先生擬盡搜集，重印流通，使愛好大師著述者，得窺全豹，寔深盛佩！除預祝先生成功外，茲將弟所見關於先生等考証各點，及所知關於大師者略告如下：

尊君所作之絳紗記考証內，有「但香港究竟有否皇娘書院我却不知道」，（見語絲第一百十二期，二五五頁。）這就是香港政府立之皇仁書院，英文名 Queen's College，也許大師因直譯，故名皇娘書院。

又先生在潮音跋考証內，有：『不過我處藏有厚板本潮音一册，是曼殊一九一一年冬天從南洋瓜哇寄贈的，據此可以决定潮音是一九一一年出版，而潮音跋也在一九一一年脫稿的了。跋文有「彈指闍黎二十有八」句，按曼殊沒于一九一八年，年三十有五；則在一九一一年，恰是二十八歲，也很符合。』（見語絲第一〇九期，一九〇頁。）似亦有誤。我們試看潮音跋內，有：「今夏安居松島，手寫闍黎舊著潮音一卷，……今與蓮華寺主，重印流通。」既曰「重印」，則似是一九一一年再版，而非是年始出版也。

前年（一九二五年）沙基慘案前後，弟曾見台山劉栽甫先生（現充台山縣長）著有關於大師軼事等數則，登於本市國民新聞報。據他自述，謂先前于日本民報社時結識大師。該報弟曾保存，惜今已散失，無法奉寄，以供參考。先生如欲詳查大師事跡，可直函劉君詢問，諒他于大師身世，必定詳知也。同時，該報曾出過「曼殊特號」，但所有材料，都從燕子龕殘稿或斷鴻零雁記取出，無甚重要文字。

又聞甘乃光先生（現充本省政府委員）處，亦藏有大師詩文甚多，但未見發表過，未知所藏者曾否出過版也。

又據停君所作對於飛錫潮音跋的意見，疑心大師是個油瓶兒子，所提出的証據，並未十分充足，但這于大師身世十分重要，似應愼密考查。弟以爲他義父蘇某，既是香山人，而他生母，又曾到過廣東，則欲證明大師是否隨母改嫁的，似向其家族或鄰里中人調查，較爲可信。弟世居香山，曾在邑中詢問多人，亦無法確知蘇某究爲何鄉何里人，如先生能查悉蘇某姓名居里，則弟可助先生調查也。

又據燕子龕殘稿內，有東行別仲兄，過若松町有感示仲兄數章，所謂「仲兄」者，究爲人名，抑係大師昆仲，不無可疑，似應考証也。

此外如再有所得，當續函告。艸此敬祝

努力！

弟方略謹沏十六年二月七日

答方略先生

柳無忌

方略先生：

來信收到。先生熱心於曼殊大師的考証，使我十分欽佩。香港皇娘書院是 Queen's College，羅建業先生已經告訴我們了。羅先生也是貴省人，熱心於大師的考証者。

先生因潮音跋有「重印流通」字樣，因而致疑於一九一一年本的潮音是再版本，這原有可疑的理由；並且一九一一年本的潮音卷面，還有「羯磨阿闍黎飛錫校錄，淀江蓮華寺重刋流通」十八字，「重刋」

和「重印」，不是同一可疑嗎？不過我們從來沒有看見過一九一一年本以前的眞正原本潮音，甚至於沒有聽見他人講起過，所以我不敢斷定確有此本。幷且，潮音跋上講：『今夏安居松島，手寫闍黎舊著潮音一卷……』他用「手寫」兩字，似乎又足証明從前的潮音只是草稿，而並沒有出板過；因爲倘然已有印本，那末他刪訂的時候，只要把印本來做底稿，一方面刪去一些，一方面加上一些就是了，何必要「手寫……一卷」呢？先生以爲如何？照我個人的意見，也十分願意先生的主張勝利，能够使我們看見未經刪訂以前的眞正原本潮音，就是沒有「將英譯陳元孝崖山題奇石壁，澹歸和尚贈吳梅村詩，杜牧夜泊，陸放翁細雨騎驢入劍門絕句，及漢譯師梨含羞草數章刪去，復次加

「拜輪年表于末」的潮音。但不知在最近期內，能有此驚人的新發現否？

大師的血統問題，先生以爲應向蘇某的家族或鄰里中人調查，較爲可信，甚是。不過我們認爲大師義父的蘇某的名號居里，到現在還無法知道。我們現在所知道的，只有「蘇某是一個茶葉商人，很有貲產，妻妾子女甚多」的一點而已。（據陳佩忍與柳亞子書。）他有一個兒子蘇墨齋，和曼殊最好，在一九〇八年（戊申）曾參預澳門賣物助賑水災會。（見馮秋雪燕子龕詩叙。）照馮先生講：『厥墨齋奔走國事，席冷突垔，與余渺不相値，前年且聞其物化矣。』則墨齋已不在人世，但爲時未久，而且他是一個「奔走國事，席冷突垔」的人物，似乎身後不致十分掩沒，或者現在還不難打聽。我以爲先生最好是從調查蘇墨齋入手，如能查到蘇墨齋是何鄉何里人，則他的家族或鄰里，自然也容易尋找了。以先生的熱心，又「世居香山」，可以算是大師在中國的同鄉，我想一定能够擔任這一件重大工作的。

還有，刊印燕子龕詩的馮秋雪先生，寓居澳門前山，曾親辦「雪堂詩社」，他似乎也是香山人。馮先生的令弟印雪先生，和他的友人黃沛功先生，都曾爲燕子龕詩作叙。黃沛功先生他自署香山人，那更確然是先生和大師的同鄉了。他們大概都認識蘇墨齋的，先生如能找到他們三人，或者他們可給先生以調查方面的助力。

東行別仲兄，及過若松町有感示仲兄兩詩，據我們所知道，這一件兄」是陳仲甫先生，並不是大師的昆仲。

希望先生時時給我們以好消息！

柳無忌　一七，三，十。

皇娘或皇仁

呂蓬尊

豈明先生：

語絲第一一二期所登柳亞子先生的絳紗記之考証，內中有幾句關於香港皇娘書院的話，說他不知道這個書院是否實有。據我所知，香港有一個英語學校，叫做皇仁書院；「仁」和「娘」是一音之轉，所謂皇娘書院，恐怕就是指這個學校。這個學校由英國人辦理，本來是以養成商業人材（或者更好說是「買辦」人材）爲宗旨的，但因爲要迎合「旅港華人」的心理，所以除了敎授英，算之外，又聘了一位孔敎會會員區翰林來教經史；經學課本是用十三經注疏，史學課本是用資治通鑑。——我不知道他要教多少時候才教得完這兩部書。凡投考該校的照例要作一篇經義或史論，用英文繙譯幾節四書。因爲是這樣的情形，（這裏說的是現在的情形，以前如何呢？——「予生也晚」，不得而知了。）所以教出來的學生，大都不免有點「遺少氣」。

呂蓬尊敬上。十六，一，一九，在新會。

☆　☆　☆　☆　☆　☆　☆　☆

皇娘

劉復

豈明兄：

「皇娘」並非「皇仁」一音之轉，乃是譯英文語中的一個"Queen"字。香港有一學校，當初叫Queen's College，現在叫做Queen's University，正式的漢文譯名，便是「皇仁書院」或「皇仁大學」，不用說，這是吃英國飯的中國人譯的，所以如此其雅馴而光明正大。但曼殊偏要殺風景，把 Queen 字譯作「皇娘」而不譯作「皇后」。他所以不譯「皇母」，想來也因爲「母」字有點雅馴罷。又不譯作「皇媽」，或者又恐怕人家誤作「老媽子」罷！惟其譯作「娘」字，使我們一想到蘇州說的『呃篤娘！』眞覺妙不可醬油矣。

劉　復　二月十六日

校勘後記

在抄集原稿至此書印成時，有幾處地方應爲更正申述一下：

1. 作潮音英文序及題曼殊畫冊詩的 W.J.B. Fletcher ，在此書中我們以爲他就是法蘭居士，恐誤。據最近的種種証據，此 Fletcher 應爲上海英領事佛萊蕉，亦即作潮音內拜輪年表的英吉利詩人佛子，法蘭大約是另外一個人。詳見我所做的蘇曼殊及其友人，此文將在語絲逐期刊出。

2. 題曼殊畫署名「實」的，就是鄧秋枚先生。題畫之海闊天空一首確爲曼殊所作，見附錄內鄧先生與柳無忌信中。

3. 絳紗焚劍二記，已由章行嚴，程筱峯二先生確証爲曼殊所作，當無疑，別的無稽傳說可以息了。

4. 「羯磨阿闍梨」作「敎行爲的敎師」解，我前疑羯磨即日本，係誤。據語絲一一六期蕭炳實先生一文內。

5. 曼殊絳紗記中的皇娘書院，卽從英文Queen's College譯出。除語絲各期上有討論外，劉半農先生在信中講：『當時曾問曼殊，尊譯何惡劇乃爾？彼言俗物俗譯，庶彼此相當耳。』

6. 鄭桐蓀先生講：在英粵友盧君，願託人至曼殊家，——中國的家，及其日本母親雙方——實地調查。這實在是研究曼殊身世血統的最重要一事，我們謹候好音吧。

7. 蘇曼殊全集已大體編輯鈔錄就，四月內當可付印。我們又另外將曼殊詩集的一部，用仿宋連史紙精印，即將出板。

一六，四，一，無忌。

一九二七年七月付印
一九二七年十二月出版

蘇曼殊年譜及其他

每册實價一圓二角

編者　柳亞子
　　　　無忌

發行者　北新書局

發行處　上海四馬路　北新書局

民国首版学术经典丛书

留欧外史（第一辑上编）
清代学术概论
中国目录学史
理学纲要
中国殖民史
白话本国史（四册）
近代中国留学史
五十年来中国之文学、论文杂记
历史研究法与中国文字变迁考
苏曼殊年谱及其他
中国商业史
妙峰山
中国文字学史（上下）

民国首版文学经典丛书

新月诗选
火灾
我们的六月
红的天使
红雾
未完的忏悔录
生死场
云游、志摩的诗
徐志摩选集
休息、给予者
迷羊
第七连
弘一大师永怀录
石门集
飞絮
鲁迅杰作选
胡适留学日记（四册）